R 12211

Lyon
1768

Dutens, Louis

Institutions leibnitiennes, ou Précis de la Monadologie

janvier

R. 2250.

12211

LES
MONADES,
OU
INTRODUCTION
A LA PHILOSOPHIE
DE LÉIBNITZ.

INSTITUTIONS LÉIBNITIENNES,

OU

PRÉCIS

DE LA

MONADOLOGIE.

Fungar vice cotis. Horat.

par M. Dutens

A LYON,
Chez les FRERES PERISSE, Libraires rue
Merciere.

M. DCC. LXVIII.
Avec Approbation & Privilege du Roi.

AVIS
DES ÉDITEURS.

ON prépare une Edition complette des Œuvres de LEIBNITZ. C'en est ici une Introduction. Ce Philosophe semble ne s'être souvent expliqué qu'à demi, & n'avoir voulu parler qu'aux Savants. Sa grande pénétration le trompoit sur la pénétration des autres ; & il croyoit parler fort clairement, lorsqu'il ne proposoit que des Enigmes.

Cet Ouvrage en donnera le mot, & mettra le Public à portée de profiter de la riche Collection (*) qu'on prépare. Nous croirons lui avoir rendu un service important, s'il se trouve que les fondements de cette Philosophie soient vrais. Ce sera un service encore, s'il se trouve qu'ils soient faux. L'Histoire des Chimeres de la Philosophie appartient à celle

---

(*) L'Edition complette des Ouvrages de ce grand Homme paroîtra incessamment.

AVIS DES EDITEURS.

de l'Esprit humain ; & erreur pour erreur, il est bien aussi utile de connoître les travers de l'Esprit, que de lire dans nos fastes les égarements du cœur.

C'est sous le point de vue de cette alternative, que l'on donne ces Lettres au Public. Elles sont le fruit des voyages qu'un jeune Officier a faits en Allemagne, & des conversations qu'il y a eues avec des Professeurs de différentes Universités. Il s'est par-là mis parfaitement au fait des diverses branches du système de LEIBNITZ, dont on ne connoît pas bien l'enſemble ni les ſingularités en France.

Les rêveries d'un grand Homme, quand il n'y auroit ici que cela ; l'art qu'il y a ſu mettre, la méthode avec laquelle il les a propoſées ? voilà d'abord quelque choſe de piquant. Mais l'intérêt augmente bien davantage, lorſqu'on penſe qu'une Philoſophie ſi extraordinaire, ſi inconnue, ou ſi mépriſée en France, eſt univerſellement enſeignée en Allemagne ; qu'on l'y ſoutient avec chaleur, & que le zele pour cette Doctrine y va juſqu'à regarder en pitié ceux qui ont le malheur de n'en sentir ni la certitude ni l'importance.

Encore une fois, si elle est vraie, quelle face nouvelle à donner à notre Philosophie ! si elle est fausse, elle sera utile encore ; elle sera bonne à apprendre aux Philosophes à être modestes, & à s'éloigner moins de cette vertu. Au reste, ce n'est point à nous, c'est au Lecteur à prononcer. Nous pensons que ces Lettres lui en donneront la facilité, & qu'il les recevra au moins comme une bonne Carte d'Allemagne, qu'il importe autant ou plus de connoître par l'esprit, que par la division de ses Cercles, & par la situation de ses Provinces.

Feu M. BOULLIER, ce savant si estimable, n'a pas craint de dire, dans un Mémoire qu'il a publié contre les Monades, que le Public seroit redevable à quiconque expliqueroit mieux ce système, ou viendroit à bout de le prouver. Comme ces Lettres nous ont paru ce qu'il y a de mieux en ce genre, ç'a été une nouvelle raison pour les publier.

AVIS DES ÉDITEURS.

On y trouvera des idées neuves pour nous, sur la nature du Corps & de la Matiere, sur celle des Eléments; sur la distinction de l'Ame, non seulement de tout Etre composé, mais de tout ce qui entre ou peut entrer dans la composition de la matiere; sur l'immensité de Dieu; sur le Lieu, le Mouvement & sa communication: sur la possibilité de la présence d'un Corps en plusieurs lieux; sur la maniere dont un Corps peut être dépouillé de son étendue: Enfin sur plusieurs principes des *Scholastiques*, trop mé-

xij AVIS DES EDITEURS.

prisés par nos Modernes, & dont LEIBNITZ faisoit bien plus de cas. On auroit pu dans plus d'un sens intituler cet Ouvrage, *les Scholastiques justifiés.*

INSTITUTIONS LÉIBNITIENNES.

LETTRE PREMIERE

Sur les Monades, l'Etendue & la Matiere.

C'EST de vous, Monsieur, que je tiens le peu que j'ai de connoissances en Philosophie : c'est à vous que j'adresse les observations de ce genre que j'ai faites en Allemagne. C'est un tribut de reconnoissance dont je m'acquitte, & j'ai lieu de croire que vous lirez avec plaisir le récit que je vais vous faire des conversations que j'ai eues dans ce pays là avec les célebres Professeurs des plus fameuses Universités.

Ils sont tous ou la plûpart Partisans de LEIBNITZ, & c'est une chose que j'ai admirée, qu'une Philosophie ou ignorée ou méprisée en France, soit reçue avec respect & enseignée avec enthousiasme dans une des plus grandes parties de l'Europe. Est-ce l'effet du préjugé, de l'intérêt mal entendu d'une vanité nationale, ou, comme les Allemands le croient & le supposent, le fruit d'une grande patience dans le travail, dans la décomposition des idées & dans leur déduction ? vous en jugerez.

On connoît quelque chose en France de cette Philosophie, par le Traité des Systêmes de M. l'Abbé de Condillac, & par les Institutions Physiques de Mme. du Châtelet ; mais soit que les Allemands aient changé ou poussé les choses plus loin depuis le célebre Wolf, soit que tous ils ne soient pas parfaitement d'accord, soit que ces Auteurs n'en aient pas parfaitement saisi l'idée ; il est certain qu'on ne connoît que fort peu cette Philosophie par ces Ouvrages. Je vais tâcher de vous en convaincre par les différentes conférences que j'ai eues en 1750 avec M. Canz, célebre Profeſſeur de Tubinge. C'eſt de celles-là principalement dont je vous parlerai, parce que c'eſt avec M. Canz que j'ai converſé le plus, & que c'eſt de lui que j'ai le mieux appris le fond du ſyſtême.

On ne diviſe pas l'Etre, me dit d'abord ce Philoſophe dès notre premiere entrevue ; mais on ſépare des êtres unis, donc ou il n'y a point d'êtres dans la matiere, ou il y a dans elle des inſécables, de véritables unités, de vraies entéléchies, des élements en un mot, & des êtres ou parties ſimples.

Ce que je touche, ajouta-t-il, c'eſt-à-dire, ce qui fonde en moi immédiatement, ſans préparation ultérieure & ſans moyen, ce ſentiment que je nomme *toucher*, ou a de la profondeur indépendamment & en tant que diſtingué de tout ce qui n'excite pas en moi ce ſentiment d'une maniere immédiate, ou il n'en a point. Si indépendamment de tout ce

que je ne touche pas & en tant que diſtingué de lui, il eſt profond ; voilà une
profondeur ſans parties poſées les unes
au deſſous des autres ; voilà un être ſimple. Si au contraire ce que je touche en
tant que diſtingué de ce que je ne touche
pas, n'a point de profondeur, il eſt ſans
étendue & ſans parties ; voilà encore un
être ſimple.

Augmentant le ton dogmatique, M.
Canz continua d'un air de triomphe &
m'ajouta : ne voyez-vous pas que par-
tout où je fais une diviſion ſur ce papier,
il n'y a que limites à l'endroit de la diviſion même ; c'eſt-à-dire, que commencement à droite & que fin à gauche : &
qu'ainſi dans toute cette étendue, il n'y
a que négations & que limites, ſi par-
tout dans elle la diviſion eſt poſſible.

Sur quoi feroit-on repoſer l'exiſtence,
pourſuivit-il, ſi la matiere étoit toujours
multiple & toujours diviſible ? les touts
n'exiſtent pas comme touts, ils n'exiſtent
pas par eux-mêmes ; ils n'exiſtent que parce
que leurs parties exiſtent ; ils n'exiſtent

que par l'existence même de leurs parties : donc s'il n'y a que des touts dans la matiere, il n'y a rien qui y existe par soi-même ; & tout court, il n'y a rien qui y existe. Qui dit tout, dit une collection de quelque chose, & suppose nécessairement l'existence de ces choses. Si ces choses sont des touts, elles supposent à leur tour l'existence d'autres choses ; & comme ces choses seroient des touts sans bornes & sans fin, il n'y auroit par-tout qu'une existence supposée, & rien ne seroit véritablement existant dans la matiere ; rien n'y seroit substance, si tout y avoit la raison de tout, si toutes ses parties étoient multiples, composées & divisibles à l'infini. Rien n'y auroit de figure déterminée ; tout y seroit multitude, pluralité, pluralité même de pluralités, c'est-à-dire, négation d'identité, négations de négations, & rien de plus : le tout ne seroit rien.

C'est ce que notre grand Philosophe LEIBNITZ a démontré d'un seul mot, ajouta-t-il, lorsqu'il a dit que si le composé n'étoit formé que d'autres composés formés eux-mêmes d'autres composés plus petits à l'infini, il n'y auroit point de principe, point de raison suffisante de la composition : que la chercher dans des corpuscules plus petits, ou dans des éléments composés, c'est ramener sans cesse la question sans l'expliquer, parce qu'on demandera toujours d'où vient la composition de ceux-ci, qu'il faudra par conséquent chercher hors d'eux-mêmes, & trouver ailleurs que dans des êtres composés, c'est-à-dire, dans des êtres simples; qu'autrement il faudroit se jeter dans un progrès à l'infini qui n'explique rien, qui exclud même la raison suffisante de la composition, en ramenant sans cesse le phénomène dont on demande & dont on cherche l'explication (*).

M. Canz se tut, comme pour jouir de

───────────

(*) *Note de l'Auteur.* La derniere surface d'une sphere qui tourne sur son centre, a différentes vîtesses, & conséquemment différentes forces centrifuges dans son épaisseur; donc tous les points de cette épaisseur sont divisés par ces différentes forces centrifuges, & chaque surface n'a nulle épaisseur en derniere analyse.

sa victoire, & je repris. Il ne faut pas chercher, lui dis-je, de raison à ce qui n'en a point. Qui jamais s'avisa de demander raison de l'Essence & de la Nature des choses & de leurs Attributs constitutifs ? or' telle est l'essence de la matiere & de l'étendue, d'être multiple & composée ; de l'être sans bornes, sans hétérogénéité & sans fin, de l'être dans toutes ses parties constitutives, & dans tout ce qui lui appartient.

Vous dites tout ce qu'il est possible de dire, pour défendre une mauvaise cause, me répliqua M. Canz, mais en mêmetemps, c'est cela même que vous dites qui trahit votre cause & prouve qu'il est nécessaire d'admettre dans la matiere des substances ou Etres simples, de vrais éléments en un mot. Si son essence est d'être multiple dans toutes ses parties comme dans son tout, elle ne sera que nombre, & multitude, il n'y aura point de choses nombrées ; ce sera une pure idée abstraite. Il n'y aura dans elle que pluralité de pluralités, sans choses qui soient plusieurs ; tout dans elle ne sera qu'une pluralité formelle, ce qui est une contradiction. La raison de tout & de collection n'est qu'un rapport ; de sorte que si la matiere n'est que multitude de multitudes, elle ne sera qu'un rapport de rapports sans fin : ce ne sera point une substance, ni un composé de substances, ce sera un Etre idéal.

La substance, ajouta-t-il, est ce qui existe de sa propre existence ; or un tout n'existe que par l'existence de ses parties, & un tout n'est point une substance. Si donc tout est tout dans la matiere, il n'y a rien dans elle qui n'existe par soi, & de sa propre existence ; il n'y a rien qui soit substance. Vous dites vous même que les parties de la matiere sont toutes les unes hors des autres, quoiqu'à côté l'une de l'autre ; elles sont donc toutes aussi réellement séparées l'une de l'autre quant à leur être, que si elles étoient actuellement divisées : or si la matiere étoit actuellement divisée autant qu'elle est divisible, elle seroit résolue en parties qui ne pourroient plus admettre de division : il y a donc actuellement de telles parties dans la matiere.

Si vous dites que les parties *déterminées* de l'étendue sont bien actuellement les unes hors des autres, mais qu'il en est autrement des parties *indéterminées*, vous avancez une contradiction, vous admettez des parties indéterminées & purement possibles dans la matiere : vous la réduisez à un pur phénomene. Rien n'existe qui ne soit exactement déterminé (*).

J'allois reprendre, lorsque M. Canz m'arrêta & poursuivit ainsi : une combi-

_____

(*) *Note de l'Auteur.* Le Chevalier Digby propose ce raisonnement d'une maniere qui lui donne l'air d'un sophisme. Il est cependant fondé sur la nature des propositions conditionelles, dont la vérité est dans les liaisons des deux parties, le voici : S'il y a des parties distinctes dans la matiere, la matiere est actuellement distinguée en ce en quoi elle seroit divisée, si elle étoit divisée autant qu'elle est divisible : or si la matiere étoit actuellement divisée autant qu'elle est divisible, elle seroit divisée en indivisibles : donc s'il y a des parties distinguées dans la matiere, la matiere est actuellement distinguée en indivisibles. La position des parties hors des parties le veut ainsi.

naison de combinaisons sans source & sans principe, sans commencement de combinaison, renferme toute l'absurdité du progrès à l'infini & de l'éternité successive. C'est une chaîne qui n'ayant point de premier ni de dernier chaînon, ne peut avoir d'origine ni conséquemment d'existence. Or telle seroit la matiere, si elle étoit toujours homogene dans ce qui la compose & multiple dans toutes ses parties; & pourquoi, lorsque dans toutes nos Analyses nous voyons que le tout se résout en éléments différents du tout, ne pas suivre ici cette analogie, & supposer dans la matiere une homogénéité dont il n'y a point d'exemples & qui n'entraine que des contradictions?

Cependant, lui repliquai-je, comment avec des points simples former & composer de l'étendue? C'est où j'en voulois venir, répondit le Professeur; modérez un peu cette vivacité Françoise, & vous verrez que rien n'est plus aisé depuis l'immortel LEIBNITZ, que ce qui jusques-là avoit été jugé si difficile.

D'abord, me dit-il, on doit regarder comme certain que les points simples de la matiere ne font point étendus. Etendue dit compofition, diffufion, pofition de parties hors de parties ; c'eft l'idée que nous en avons. Ce qui eft étendu a un centre & des limites, un deffus & un deffous ; & de tout cela l'un n'eft pas l'autre. Ce qui eft étendu, eft figuré & a des angles ; & de ces angles, l'un eft droit & l'autre aigu, l'un eft à l'Orient & l'autre à l'Occident ; l'un peut être peint en jaune & l'autre en bleu, & par conféquent l'un n'eft pas l'autre. Si des chofes fi diverfes ne faifoient pas des parties diftinctes, nous n'aurions point de fignes pour reconnoître la diftinction. Nulle étendue ne peut donc être fimple, ne peut être un élément.

Il eft démontré en Géométrie que la même quantité d'étendue peut être comprife fous des figures différentes ; ce n'eft donc ni la quantité de l'étendue qui détermine la figure, ni la qualité de la figure qui détermine la quantité de l'étendue.

Nulle figure déterminée ne peut donc avoir la raison suffisante de son actualité, ni dans l'essence de l'étendue en général, ni dans telle quantité de l'étendue, & par conséquent il n'est point de figure qui ne soit contingente ou indifférente à l'étendue, & qui pour cela même n'y soit variable. Or toute variation de figure emporte transposition de parties, la quantité de l'étendue demeurant la même ; donc nulle étendue qui ne soit multitude & composition de parties.

S'il en étoit autrement, rien n'empêcheroit qu'il n'y eût des Atômes aussi gros que nos montagnes, quoique sans pluralité & sans composition de parties. D'où viendroit en effet cette différence ? si une certaine mesure d'étendue est simple, une moindre quantité peut être simple aussi, & par la même raison une plus grande mesure d'étendue dans tous les degrés possibles. Si la raison d'étendue n'entraîne point multitude dans une certaine quantité, on ne voit pas pourquoi une quantité plus grande supposeroit multitude.

Mais si les points simples de la matiere ne peuvent être étendus, il faut pour composer la matiere, recourir à des éléments inétendus ; c'est ce qu'a fait M. LEIBNITZ, mais d'une maniere bien différente de celle qu'on attribue à *Zénon*. Les points Zénoniques n'ont point de quantité, puisqu'ils ne sont point étendus; ils n'ont point non plus de qualités positives, puisque tout se réduit en eux à être simples & inétendus, ce qui est un pur néant, une simple privation, incapable de composer la matiere, de causer ou de produire de l'étendue.

Il en est tout autrement des *Monades* du Baron de LEIBNITZ, elles sont simples & inétendues comme les points mathématiques de *Zénon* : mais elles ont des qualités constituantes qui les réalisent & qui les discernent. Ce sont des substances douées de la force d'agir, subsistantes en elles-mêmes & distinguées par leurs attributs, qui se discernent & se combinent par la mutualité de leurs résistances actives & de leurs actions; qui par-là se lient

& se balancent pour former un tout cohérant par la conspirance de leurs forces, par l'opposition de leurs tendances, concourant par cela même & au principe de leur union & à celui de leur discernement ou différence ; causant ainsi dans nous la perception ou le phénomene de l'étendue, c'est-à-dire, de plusieurs choses distinctes, combinées & unies, & ce qui en est une suite, de la solidité & de l'impénétrabilité (*).

Des substances actives, m'écriai-je ! voilà ce que n'admettront pas nos Occasionnalistes. Je le sais, répliqua M. Canz, mais aussi ils ont réduit toute la Nature à rien. Tout dans leurs principes n'y est que miracle de la part de Dieu, que jeu & que scéne de comédie de la part de la Nature, où tout paroît actif, & rien ne

---

(*) *Note de l'Edit.* Ces Eléments s'unissent par leurs actions, parce qu'ils conspirent à un même effet. Ils se discernent par ces actions mêmes, qui sont multiples : ce qui donne tout à la fois l'idée de multitude, d'union, de solidité ou impénétrabilité, & par conséquent la sensation d'étendue.

l'eſt. M. Canz alloit continuer cette matiere & former une digreſſion, lorſque je l'interrompis en ces termes : je vous paſſe pour un moment, lui dis-je, l'action & la réaction de vos Monades, c'eſt un ſujet ſur lequel nous reviendrons ; mais il me ſemble qu'avec cette ſuppoſition, vous n'êtes pas plus avancé que *Zénon*, pour en faire réſulter la matiere & l'étendue. Des ſubſtances ſimples ſe touchent néceſſairement toutes entieres dès qu'elles ſe touchent, & ſe pénétrent par cela même pour ne former qu'un point mathématique & coincider dans un même lieu.

Il y a ici bien du mécompte, me répondit le Profeſſeur ; les Monades ne ſe touchent point, comme vous le ſuppoſez ; elles n'ont ni dedans ni dehors. Ce ſont là des idées acceſſoires & ſubſéquentes au Phénoméne de l'étendue. Deux Anges ſe touchent-ils ? ſe pénétrent-ils ? la compénétration des ſubſtances n'eſt-elle pas en derniere analyſe leur mutuelle diſtinction ? le déſeſpoir de *Lucifer* pénétre-t-il les raviſſements du *Séraphin* ? ces ſentiments si différents n'en seroient qu'un, & par conséquent seroient détruits dans la supposition que vous faites de la compénétration de la substance de ces deux Anges. Les idées de contact, de pénétration, de dedans, de dehors, supposent un centre & une superficie ; & rien de tout cela ne convient aux Monades, à des substances inétendues. Ces idées de contact & de pénétration sont des idées confuses & superficielles qui nous viennent de l'imperfection des sens ; du phénomène de l'eau, par exemple, qui s'insinue par les pores dans le corps de l'éponge, & de celui du marbre ou du verre, qui ne permettent point cette introgression. Sur ce principe, les Monades ne sont pas l'une dans l'autre, parce qu'elles n'ont point de dedans ; elles ne sont point l'une hors de l'autre, parce qu'elles n'ont point de dehors : enfin elles ne se touchent point, parce qu'elles n'ont point de surface ni de superficie ; elles ont seulement des attributs différents qui les distinguent, qui font que l'une n'est pas l'autre, l'autre, & qui ne permettent pas à l'esprit de les mêler, ni de les confondre. Elles sont douées de la force, par laquelle elles s'unissent & se combinent dans un même système, & c'est-là ce qui forme en nous le phénomene de l'étendue.

On peut dire néanmoins dans un autre sens, que les Monades ont un dedans & un dehors, & qu'elles se touchent par l'application immédiate de leurs forces. Les Monades ont des attributs *absolus*, & des qualités *rélatives*; les attributs constitutifs & absolus, en sont comme le *dedans* & l'intérieur ; les qualités rélatives aux objets extérieurs en forment comme le *dehors* ; & leur action immédiate, faite sans préparation ultérieure & sans moyen, forme une sorte de contact métaphysique qui est le fondement de l'idée confuse & superficielle que nous nous faisons du contact de leurs substances ; parce qu'en effet l'action immédiate fait naître l'idée de la présence la plus intime que puissent avoir des êtres distincts qui se discernent par leurs actions. Ces dedans

& ces dehors sont ainsi des dedans & des dehors que l'Ecole appelle *quidditatifs*, mais qui ne sont point *quantitatifs*, à moins que par quantité on n'entende le degré de leurs forces, & le nombre des Monades sur lesquelles elles agissent.

Or ces idées présupposées, il est manifeste qu'il doit résulter de là dans notre esprit la représentation confuse & sensuelle de l'étendue. Les attributs constitutifs faisant, comme je vous l'ai dit, le *dedans* de ces substances, & ces attributs étant distingués & différents, nous ne pouvons dans notre esprit confondre le *dedans* de l'une avec le *dedans* de l'autre ; & dès-lors nous les plaçons, nous nous les représentons, & hors de nous, & hors les unes des autres : d'où résulte tout à la fois & l'idée ou la perception de l'étendue & l'idée d'impénétrabilité qui vient revêtir celle de l'étendue.

C'est ainsi que nous nous représentons comme hors de nous un édifice que nous n'avons jamais vu, quoique nous sentions bien que l'idée que nous en avons existe en nous, & que l'édifice lui-même n'existe, selon toute apparence, nulle part ; & cela fondé sur ce que nous ne pouvons forcer notre esprit à imaginer comme *un*, ce qu'il perçoit & se représente comme *deux* dans ce moment. Vous voyez, ajouta M. Canz, que le phénomene de l'étendue ne suppose pas qu'il y ait hors de nous & hors les uns des autres des Etres réellement étendus ; qu'il suffit pour le voir & pour le former, que nous ayons des perceptions qui nous représentent une multitude d'êtres distincts agissant les uns sur les autres. Or dès qu'une fois il est prouvé que pour voir résulter le phénomene de l'étendue, il ne faut point hors de nous d'éléments multiples & étendus, il est nécessaire de rejeter de pareils éléments. Il ne faut en aucune chose embarrasser les matieres, ni multiplier les difficultés.

C'est-à-dire, repris-je, que les Monades ne forment point hors de moi une étendue réelle ; & que celle-ci n'a qu'une apparence qui a son fondement dans le jeu & la diversité des éléments.

C'est cela même, repartit le Professeur, l'étendue n'est qu'un phénomene, mais un phénomene bien fondé. L'étendue n'est point une substance, mais un phénomene *substancié*. C'est l'expression de LEIBNITZ, très-caractéristique & très-expressive pour indiquer les substances simples qui le font naître; pour distinguer l'étendue d'un pur phantôme qui n'a point de régles ni de fondement hors de nous; pour la différencier du miracle qui n'en a point dans la Nature, mais dans la seule volonté de celui qui commande à tout, & pour la ranger dans la classe qui lui convient, de phénomene subsistant, ayant sa raison suffisante & toujours présente dans la Nature & l'activité des substances simples distinguées de nous.

N'est-ce pas ainsi, continua-t-il, que parmi vous les Scholastiques enseignent que l'étendue n'est qu'un accident, mais un accident en quelque sorte substantiel & permanent? comment entendre autrement ce qu'ils ont entrevu, en nommant l'étendue un accident absolu? comment concevoir ce qu'ils ont dit que la matiere naturellement étendue peut être dépouillée de cette qualité par miracle, sinon en concevant que le Grand Etre peut suspendre en nous l'action ou l'effet de l'action des Monades, & faire par cette suspension disparoître le phénomene de l'étendue ? de cette maniere l'essence du corps consistera, comme ils l'ont dit, dans le principe & l'exigence de l'étendue, & non dans l'étendue actuelle. Les parties qui le composent seront l'une hors de l'autre, à raison de leur distinction & de ce que nous avons appellé leur dedans *quidditatif*, & non à raison de leur être *quantitatif*, dont elles ne donnent que le principe & le fondement. Avouez, me dit-il, que vous ne vous attendiez pas à trouver chez nous le dénouement de cette vérité entrevue, mais mal expliquée par vos Scholastiques. Le Baron de LEIBNITZ en faisoit cas, & pensoit qu'il y avoit bien de l'or à tirer de ce tas de boue dont ils l'avoient enveloppé.

Je ne sais, lui dis-je, à quel point nous

devons vous être obligés de cette explication ; mais je me sens blessé de penser que l'étendue n'est qu'une illusion. N'est-ce pas là tomber dans l'*idéalisme*, & ne donner de réalité à l'Univers que dans *son Etre apperçu* ?

Illusion ! vous vous trompez, reprit M. Canz ; je vous ai dit que l'étendue est un phénomene qui a ses régles, qui ne dépend point de nous, qui a son fondement dans les êtres simples qui sont hors de nous ; mais ce n'est point un phantôme ni une illusion, c'est un effet constant de substances existantes, & rien n'a plus de réalité (*).

L'illusion est un jeu des organes, qui

───────────

(*) *Note de l'Edit.* Quand on fait tourner une baguette allumée, on voit un cercle continu & enflammé. Voilà un phénomene, il est produit par l'impression durable que fait le charbon dans chaque point qu'il parcourt. De même dans cette Philosophie, l'impression simultanée de plusieurs substances ou collections de substances, supplée aux impressions successives, mais durables du charbon, & il en résulte pareillement le phénomene de l'étendue, comme un effet persévérant.

sans fondement au dehors montre des apparences qui ne font point, qui n'ont point de régles fixes, & qui disparoissent dès que l'organe est dans une autre disposition ; mais ici il y a une action de l'objet sur l'organe ; l'effet en est réglé, persévérant & toujours le même. Si le phénomene n'a de réalité que celle d'effet, ce n'en est pas moins une réalité. Il n'y en a pas moins hors de nous un monde matériel, c'est-à-dire, un amas de substances existantes en elles-mêmes indépendamment de nous, propres par leurs forces à agir sur nos organes & à faire naître dans nous, malgré nous, la sensation d'étendue, comme elles y font naître celles de couleur ou de chaleur (*).

―――――――――

(*) *Note de l'Aut.* L'existence des corps est non seulement une assertion positive dans cette Philosophie, c'est encore une assertion nécessaire. Tout le système roule sur l'existence & l'action des objets extérieurs ; non seulement nos sensations sont involontaires pour la plupart, mais nous les rapportons involontairement au dehors. Ce rapport involontaire n'auroit point de

Il est vrai, ajouta-t-il, que cette sensation n'est qu'une vue superficielle & confuse, & que si nous avions une connoissance plus étendue & plus distincte des substances simples, de leur nature, de leur ordre, de leurs actions, le phénomene de l'étendue disparoîtroit pour nous, pour faire place à la vue d'un ordre de choses plus noble & plus élevé, comprenant alors distinctement ce que sont ces substances, ayant une vue claire de leurs actions, la face des choses changeroit pour nous, comme elle change lorsque nous voyons en lui-même & de près un édifice que nous ne voyions qu'à travers un brouillard: comme cela arrive lorsque nous nous approchons d'une montagne qui de loin ne nous paroissoit qu'un nuage bleu; comme le chardon qui nous

---

raison suffisante, s'il n'y avoit des objets extérieurs. Les sensations étant susceptibles de tous les degrés, il faut au dehors de nous un type qui en détermine l'objet, qui en fixe & qui en régle l'intensité. *Voyez à la fin.*

pique, forme un autre ordre de choses pour le palais de l'âne qui le savoure; mais ces substances n'en existeroient pas moins, & il y auroit toujours hors de nous un ordre de choses, subsistant, réel, indépendant de nous, propre par lui-même à faire naître le phénomene de l'étendue, dans des êtres bornés comme nous sommes.

Dans la supposition d'une vue distincte, nous verrions ces substances telles qu'elles sont en elles-mêmes, sans mélange & sans confusion ; telles qu'elles sont en rapport avec une intelligence plus haute que la nôtre ; mais nous ne les voyons pas moins telles qu'elles sont, quoique moins parfaitement, en ne les voyant que dans leurs rapports à nos facultés. Ces rapports sous lesquels ces substances se montrent à nous, quoique différents de ceux sous lesquels elles se montreroient à des intelligences plus perçantes, ne laissent pas d'être très-réels, & n'en découlent pas moins de l'essence même de ces substances, combinée avec la nôtre, & avec notre faculté d'appercevoir. Si ces attributs ne font pas en eux-mêmes précisément ce qu'ils me paroissent être, néanmoins ce qu'ils me paroissent être, résulte nécessairement de ce qu'ils sont en eux-mêmes, & de ce que je suis par rapport à eux.

L'intelligence même supérieure pour qui cet ordre inférieur disparoît, le fait en quelque sorte revivre, en voyant dans notre nature la manière dont ces éléments doivent affecter des êtres bornés comme nous : & ce n'est qu'en ce sens qu'on peut entendre ce qui est si intelligible dans tout autre système, *Comment Dieu contient ou peut contenir éminemment l'étendue.*

Voilà donc, conclut M. Canz, un monde bien réel, bien existant en lui-même & hors de nous, & rien n'est plus opposé à l'idéalisme que cette Philosophie. Non seulement nous reconnoissons que les substances qui composent les corps, existent ; mais nous avouons qu'elles ont en elles-mêmes plus d'être & de réalité que leurs phénomenes ne nous en montrent. Encore une fois, me dit-il, est-ce là un idéalisme: n'est-ce pas là enrichir l'Univers, au lieu de l'appauvrir? (*)

J'apperçus dans le Professeur une secrette complaisance pour ce qu'il me développoit. Je voulus l'en laisser jouir, & il continua ainsi:

Ceci vous étonne & vous surprend, me dit-il; cette vue confuse & superficielle qui produit des effets si différents de la vue distincte, vous est suspecte; mais il est aisé de la justifier.

J'entends par *perception claire*, celle qui fait discerner son objet de tout autre. J'entends par *perception distincte*, celle qui

---

(*) *Note de l'Edit.* Voici le jugement que porte de cette doctrine un célèbre Professeur d'Italie dans un Ouvrage dédié au Pape Benoît XIV. *Neque à vero abludit, quod Leibnitius observavit, mundum hunc quem cernimus, nihil esse nisi phenomenorum congeries, ex monadibus seu activis substantiis, emanantium. Quod quo diutius expenditur, eo ad similitudinem veri accedere magis videtur.* Ant. Genuensis Prof. Neapolit. Elem. Meth. tom. I. p. 185.

nous montre & nous fait difcerner toutes ou prefque toutes les parties de fon objet. Dans ce fens, toutes nos fenfations font claires, parce qu'elles nous font difcerner les objets, & que nous ne pouvons les confondre les unes avec les autres ; mais elles font confufes, parce qu'elles ne nous montrent pas toutes les parties, toutes les qualités de leur objet. Nous voyons par elles toutes les actions des fubftances fimples comme en perfpective & dans l'éloignement. Or tel eft l'effet de l'éloignement, de nous faire paroître les objets, non pas autrement qu'ils ne font en rapport à cet éloignement, mais autrement que nous ne les verrions de plus près & par une vue diftincte.

En effet, dès que tout ce qui entre dans la compofition d'un objet, n'eft point fenfible ou apperçu, il eft néceffaire que l'objet nous paroiffe fous une forme différente de celle qu'il a, mais telle néanmoins qu'elle foit un effet néceffaire de fa vraie forme en rapport à notre façon, à notre intenfité d'appercevoir. Il ne doit donc plus vous paroître étonnant que la vue confuse & superficielle que nous acquerons par les sens de l'action des substances simples, fasse naître en nous le phénomene ou la perception constante & réglée de l'étendue : vous voyez même qu'il est nécessaire que cela arrive. Nous sentons, nous appercevons l'action des éléments ; nous la sentons assez pour en appercevoir la pluralité & la distinction ; mais point assez pour en connoître la nature & voir en quoi cette action consiste. D'où résulte la perception confuse de plusieurs choses distinctes entr'elles & conspirantes à un même but : ce qui en derniere analyse est la sensation ou la perception de l'étendue.

Tout d'ailleurs dans la Nature, dépose pour cette explication. Le mélange alternatif de bleu & de jaune produit à l'œil nu la sensation du verd ; mais ce verd disparoît pour laisser reparoître les bigarrures de jaune & de bleu, dès que l'œil est armé & qu'il acquiert une vue distincte.

Autre chose est donc l'effet de la vue confuse, autre chose celui de la vue distincte. Celle-là produit ici le phénomene d'une étendue homogene & toute teinte de verd, quoiqu'elle n'ait aucune nuance de cette couleur, & qu'elle soit toute hachée, toute mélangée à la vue distincte.

Si je vois quelque objet à travers un verre polyedre, je le vois multiplié; or quelle est alors la véritable image, le véritable objet ? toutes ces images sont pareilles, toutes sont donc également de purs phénomenes, ou du moins, & ce qui me suffit ici, toutes, hors une, sont de pures apparences que je vois étendues, aussi réellement les unes que les autres, aussi réellement que celle à qui je voudrois donner le nom de véritable image, quoique je sois bien sûr qu'il n'y a pas hors de moi autant d'objets étendus. Les mouches qui ont l'œil polyedre, voient naturellement & toujours cette multiplication, & par conséquent toute cette étendue qu'elles voient, n'est pour elles qu'un phénomene.

Quand je vois ce clocher à travers une lunette, ajouta-t-il, ce que je vois est aussi réellement à quatre pas, qu'il est réel que je le vois; je ne vois donc alors qu'un phénomene; & puisque nos yeux sont des lunettes qui nous ont été données par la nature, n'est-il pas nécessaire de pousser l'analogie plus loin & de convenir qu'en voyant l'étendue, nous ne voyons pas à la vérité un pur phantôme, mais un phénomene fondé au dehors & rien de plus?

Le son n'est dans l'objet & dans le milieu qui le transmet, qu'un trémoussement vif & alternatif de parties; il n'est dans l'ame, selon toutes les apparences, qu'une succession rapide & alternative de petites perceptions de ce trémoussement. Or quelle disparité néanmoins entre la sensation du son & la perception d'un mouvement? Cependant cette différence qui paroît si grande s'évanouit quand on fait attention que ces perceptions sont si fugitives & se succedent si rapidement, que l'ame ne peut se rendre attentive à ce qu'elles représentent ; qu'elle n'en sent que l'existence & n'en remarque que la rapidité & la succession dont elle est vivement frappée, & dont elle sent dans les différentes sensations toute la différence, ce qui fait qu'elle distingue aisément une sensation de l'autre ; quoiqu'elle ne puisse ni la décomposer ni remarquer ce qu'elle représente ; d'où résulte le phénomene du son, c'est-à-dire, une perception claire, vive & homogene, quoique confuse & telle qu'on ne sent pas ou que trop foiblement ce qui en est l'objet. C'est ainsi que la chose arrive par rapport à la sensation ou au phénomene de l'étendue.

Il est vrai que les Philosophes supposent communément que les sensations ne représentent rien, & que ce sont des impressions qui n'ont point de rapport à l'objet dont elles nous donnent l'idée ; mais cette supposition est contre toute vraisemblance. La sensation n'est que l'idée de l'objet, revêtue d'un certain sentiment qui l'accompagne : or puisque
l'objet

l'objet est en action pour fonder ou exciter la sensation, pourquoi ne pas admettre que cette impression qui accompagne l'idée de l'objet, est la perception même de cette action de l'objet ? Il n'y auroit point d'harmonie, point de correspondance entre la cause & l'effet sans cela. Une Intelligence supérieure qui verroit distinctement ce qui se passe alors dans l'objet, n'y verroit que substance & le trémoussement de ses mouvements, ou ce qui est le même, la rapidité & la succession de ses actions : nous devons donc y voir pareillement la même chose, mais d'une maniere si confuse, à cause de la foiblesse de notre intelligence, qu'il n'en résulte qu'une impression homogene qu'il nous est impossible de résoudre en ses parties ou de décomposer. C'est ainsi qu'un portrait n'est qu'un amas de petites portions de matiere différemment mues qui le composent, tant que leur mouvement n'est que confusément apperçu ; mais qui disparoîtroit pour nous en genre de portrait ou de phénomene, si nous distinguions tous les mouvements de toutes ces petites portions de matiere, ce qui arrive lorsqu'on le considere sous des faces différentes ou avec l'œil armé.

Les qualités sensibles qu'on appelle secondaires, m'ajouta M. Canz, ne sont au jugement de tous les Philosophes que des phénomenes fondés dans la maniere dont les objets nous affectent. La verdure n'est pas dans le pré, la douleur dans l'épine, la chaleur dans le feu : mais il y a dans le pré, dans l'épine & dans le feu une raison suffisante de ces sensations que nous éprouvons & qui ne sont que dans nous : voilà un phénomene. Or pourquoi ces Philosophes se sont-ils arrêtés à moitié chemin ? pourquoi n'ont-ils pas raisonné de même sur ce qu'ils appellent si improprement les qualités premieres ? n'est-ce pas là la source de toutes les difficultés dont ils ont embarrassé la question de la divisibilité de l'étendue ? Il est en effet évident qu'elles sont du même genre que les qualités secondaires. Si l'odeur dans la fleur, le son dans le luth, le goût dans le fruit ne sont que des perceptions de mon ame transportées à un objet extérieur qui les cause ou qui les fonde, sans qu'il y ait rien dans l'objet qui leur ressemble ; la perception des distances que nous jugeons former l'étendue aura-t-elle plus de ressemblance avec l'objet extérieur ? n'est-ce pas de même une perception ? n'est-ce pas une perception acquise d'une maniere semblable ? d'où viendroit donc la différence ? Si tous les objets du monde étoient verds, n'aurions-nous pas autant de raison de prendre en eux la verdure pour substance, que nous en avons pour donner cette prééminence à l'étendue ? L'étendue n'est-elle pas une position de parties hors de parties, & par conséquent un simple mode dans sa définition même ? Je vois en effet la verdure du pré aussi étendue que le pré même, ce n'est même que par la verdure, & en général par les couleurs, que nous voyons l'étendue du pré & celle des autres objets : si donc nous avons raison d'attribuer l'étendue au pré, parce que nous la voyons, nous devons également lui attribuer la verdure, & si celle-ci n'est qu'un phénomene, comme il faut bien qu'on en convienne, celle-là n'est rien de plus, & est absolument du même genre.

Rappellez-vous, poursuivit M. Canz, combien vous futes choqué, lorsqu'on vous enseigna pour la premiere fois que les prés ne sont pas verds, que le feu n'est pas chaud! vous avez vaincu cette répugnance, en concevant qu'il y a dans le feu un fondement de la chaleur qui s'excite en vous: c'est ici la même chose. Il y a dans les objets extérieurs en rapport à notre façon d'appercevoir, un fondement réel de la perception d'étendue qui se forme ou s'excite en nous ; ce phénomene est constant, il ne dépend point de nous, il résulte de la qualité de l'objet, il en est un effet & en quelque sorte une appartenance : où trouvez-vous là rien qui soit choquant ?

Votre Philosophe *Malebranche*, ajouta-t-il, a parfaitement bien démontré que nous ne connoiſſons pas la grandeur abſolue des objets. Un verre convexe les groſſit, un verre concave les diminue; & par conſéquent la différence des yeux dans les hommes différents n'en laiſſe ſubſiſter que la proportion, & les leur montre au vrai ſous des grandeurs différentes. Les grandeurs que nous voyons ne ſont donc pas véritables & ne ſont qu'apparentes: ce ſont de ſimples phénomenes qui ont leur fondement dans l'objet, mais qui n'ont rien dans lui qui leur reſſemble parfaitement. Il eſt auſſi difficile qu'une portion d'étendue déterminée puiſſe fonder les perceptions d'étendue plus ou moins grande, qu'il le peut être que ce qui n'a point d'étendue fonde ou produiſe la perception & le phénomene de l'étendue: or en rejettant le ſecond, il vous faudroit admettre le premier; donc vous n'avez nulle raiſon de rejetter le ſecond. Il eſt même néceſſaire de l'admettre, non ſeulement parce que c'eſt diminuer les difficultés, mais parce que le phénomene que nous examinons le prouve incontestablement. Puisque dans les hommes différents, la perception d'étendue par rapport à un même objet est différente ; ce n'est donc pas l'étendue de l'objet que voient ces hommes différents, & par conséquent ils n'ont nulle raison de reconnoître de l'étendue dans l'objet. Ils le devroient, si leur sensation étoit une idée distincte ; mais toute claire que soit la sensation, ce n'est évidemment qu'une perception confuse. Ce n'est que la perception de plusieurs choses vaguement apperçues, sans savoir ni connoître ce que sont ces choses.

Lorsque vous voyez un objet dans le microscope, poursuivit-il, il arrive souvent que l'ayant vu rond à l'œil nu, vous le voyez prendre une figure quarrée, & vous ne manquez pas de conclure aussitôt que c'est sa vraie figure. Cependant prenez une lentille plus forte, & de quarré il deviendra polygone, il se revêtira successivement de diverses figures, & après l'avoir vu d'abord sans aucune projection latérale, vous le verrez par un changement successif de lentilles, prendre quatre, cinq, six, dix, douze, même vingt-quatre côtés & davantage selon la force des lentilles. Or qu'est-ce que tout cela veut dire, & laquelle de ces figures est la véritable? laquelle regarderez-vous comme absolue dans la nature de l'objet? aucune sans doute : elles sont toutes également vraies, également constantes rélativement au point de vue où nous nous trouvons placés, également fondées dans la nature de l'objet, rélativement à notre faculté d'appercevoir plus ou moins aidée & plus ou moins distincte. La vue aidée découvre des substances dont l'action trop foible ne pouvoit se faire sentir sans ce secours, c'est ce qui fait que la sensation de l'étendue change & que la figure varie.

M. Canz me débitoit cette doctrine avec un enthousiasme & un flux de paroles qu'il n'y avoit pas moyen d'arrêter. Il se résuma en peu de mots de cette maniere & me dit : Vous avez vu par une foule de preuves directes que le corps est nécessairement & en derniere analyse résoluble en substances simples ; que celles-ci sans former d'étendue hors de nous, doivent néanmoins causer dans nous la sensation & le phénomene de l'étendue : & par une multitude de preuves d'analogie, je vous ai convaincu que l'étendue n'est dans le vrai rien de plus. C'est ainsi que dans une perspective qui est une superficie platte, je vois une colonnade & des pilastres d'un demi-pouce de profondeur ; ce qui montre avec évidence que l'action combinée des parties d'un objet est propre à faire naître dans moi malgré moi la perception d'étendue, quoique cette étendue ne soit point dans l'objet. Voilà donc, conclut-il, la grande question de l'étendue & de la divisibilité de la matiere, parfaitement éclaircie, & les contradictions sans nombre dans lesquelles s'embarrassoient les Philosophes, totalement levées & dissipées par la Philosophie de notre grand Philosophe *LEIBNITZ*.

Cependant une remarque est encore nécessaire, ajouta-t-il. Dès le moment qu'il est impossible que nous nous représentions l'état interne de tous les êtres simples, toute perception distincte de ces réalités doit nous échapper par notre nature, & il ne nous reste des perceptions confuses que nous en avons, qu'une idée vague & générale de plusieurs choses coéxistantes, unies & liées ensemble, sans que nous voyions distinctement les actions qui les lient & qui les unissent ; & c'est cette idée confuse qui produit & fait naître le phénomene de l'étendue. Mais par la même raison ce phénomene doit nous paroître homogene & similaire dans toutes ses parties. Les êtres simples se ressemblent lorsqu'ils sont vus dans leur généralité, & lorsque nous n'appercevons pas les différences, les actions & les qualités qui les distinguent. Tout ce qui entre dans la composition du phénomene de l'étendue, doit donc nous paroître du même genre, & celui-ci ne nous offrir que des parties similaires, indéterminées & simplement possibles, ce qui le rend toujours divisible, de la même nature dans ses parties que dans son tout, & par conséquent divisible sans fin, comme on le voit en Géométrie. Mais l'application de la Géométrie à la Physique n'en est ni moins utile ni moins légitime. Ce sont des phénomenes que l'on mesure & que l'on calcule en Physique; on y examine les effets de la force & les apparences qu'elle produit, & par conséquent la Géométrie & la Physique ont absolument le même objet, savoir l'étendue telle qu'elle est, une pure apparence & un vrai phénomene, dont le corps réel est la base & le fondement, mais dont la connoissance appartient à une autre Science, & est propre à la Cosmologie.

C'est ainsi, continua-t-il, que se concilient les opinions des Philosophes, toutes différentes & toutes opposées qu'elles paroissent. Ils ont tous apperçu la vérité, aucune ne l'a vue toute entiere. LEIBNITZ a saisi le nœud qui concilie tout. Il adopte & se rend propres les preuves de tous les partis; sa Philosophie n'est sujette à aucune de leurs difficultés. Une conciliation si parfaite est la preuve de la vérité.

Il est rare que dans les contradictions qui divisent les Philosophes, la vérité ne se trouve pas en partie dans toutes les sectes; & quiconque sait réunir tous les partis, est assuré d'avoir saisi la vérité toute entiere.

M. Canz avoit beaucoup parlé, il étoit tard : notre conversation en demeura là, mais avec une forte résolution de ma part de revoir bientôt ce Philosophe, & de le remettre sur une doctrine si propre à piquer ma curiosité par son étrange singularité. Je suis, &c.

LETTRE SECONDE.

Continuation du même sujet : de la nature des Monades, & de leur différence avec les Intelligences : Spiritualité de l'Ame : Impossibilité qu'elle entre dans la composition de la Matiere.

JE fus dans une grande agitation, Monsieur, la nuit qui suivit ma premiere conversation avec M. Canz, je ne rêvai que Monades & je fus considérablement travaillé pendant mon sommeil. Une doctrine si neuve pour moi ne pouvoit manquer de me tenir en cervelle. Je me levai ce jour là de grand matin, & je fus sur le bord du Neckre pour rassembler mes idées. Contre mon attente, j'y rencontrai M. Canz qui y étoit venu de son côté pour prendre l'air, & notre conversation recommença, quoique je n'y fusse pas bien préparé.

Je parie, me dit-il, que toute la nuit vous n'avez rêvé que phénomenes; & à votre air appliqué, je gagerois que je vous prends encore sur le fait. Il en est quelque chose, lui dis-je. Les enfants ne voient que des spectres lorsqu'ils se sont endormis le soir sur les contes de leurs nourrices. Comment donc, repliqua M. Canz, depuis quand la plaisanterie est-elle un argument philosophique? Parlons sérieusement: avez-vous quelque chose à opposer à ce que je vous prouvai & vous expliquai hier?

Toutes ces idées sont bien neuves pour moi, lui dis-je, & je ne puis encore me les rendre bien familieres. Si je n'ai pas droit de les combattre, dispensez-moi de les approuver. Il me semble cependant que tout ce grand systême va se briser contre un funeste écueil. Si les parties qui constituent la matiere sont des êtres simples, comment pourrai-je m'assurer qu'elles n'ont pas la faculté de penser? or quel inconvénient ne seroit-ce pas, si les éléments de la matiere étoient capables & susceptibles de pensée?

Sans doute, reprit-il, toute doctrine qui fait penser la matiere, est une doctrine répréhensible ; mais ce n'est point notre Philosophie qui prête des armes aux Matérialistes, c'est justement la Philosophie contraire.

Si la matiere est toujours composée, toujours divisible, si elle est multiple dans tout ce qu'elle est, l'inconvénient seroit immense qu'aucune de ses parties pût penser ; car cette partie étant divisible, la pensée seroit le fruit d'une organisation destructible, & le principe pensant auroit en lui même une cause de dissolution par la séparabilité de ses parties : cependant si vous supposez la matiere divisible à l'infini, il y a lieu de craindre que vous n'affoiblissiez & ne renversiez même les preuves sans nombre qui montrent que le composé ne peut penser. En effet le Matérialiste vous dira qu'il en est de la pensée comme de l'existence : que s'il n'y a pas une moitié, un quart de pensée, il peut moins encore y avoir une moitié, un quart d'existence : que quoique toujours divisible, la matiere existe néanmoins dans votre systême : qu'elle peut donc penser aussi, malgré sa composition & sa divisibilité.

Il ajoutera qu'à la vérité il est difficile de trouver où réside la pensée dans un sujet toujours divisible ; mais qu'il n'est pas plus aisé de concevoir où pourroit y résider l'existence : qu'il est aussi facile de concevoir qu'un tout peut penser en raison du tout, qu'il l'est d'imaginer qu'il peut exister comme tout : que néanmoins l'étendue existe ; que selon vous elle est toujours composée & toujours divisible, & que puisque cette divisibilité perpétuelle n'est point une raison pour en exclure l'existence, elle ne sauroit en être une pour exclure la pensée (*).

―――――

(*) *Note de l'Edit.* Il y a une différence bien grande, ce me semble, entre la pensée & l'existence. L'existence est un pur rapport, c'est l'être même en tant que mis hors de sa cause. Quel qu'il soit, il existe dès qu'il est créé, & ce n'est point le cas de chercher où dans lui repose l'existence. Mais il en est autrement de la pensée : c'est l'action de l'être existant, c'est une vraie appartenance, une vraie modalité intrinsèque, il faut donc trouver sur quoi elle

L'Athée même se joindra au Matérialiste, & vous dira que le progrès à l'infini n'est pas plus impossible en genre de causes efficientes, qu'il ne l'est en genre de causes matérielles : que la divisibilité à l'infini entraînant ce dernier progrès, il a droit d'admettre ou de supposer le premier, & de rejetter de la chaîne des êtres une première cause, comme vous rejettez dans la matiere toute première combinaison.

Il ajoutera que l'inséparabilité n'est pas plus un attribut collectif que la nécessité, que chaque partie étant, selon vous, séparable de sa nature, quoique toutes ne le soient pas, chaque être peut bien être contingent, quoique la collection soit nécessaire. Et que sais-je de combien de manieres vous lui prêterez le flanc, sans avoir de bouclier pour vous couvrir ?

---

repose dans l'être qui est pensant. Or dans un être composé il n'y a rien où l'on puisse faire résider la pensée : un tel être peut donc exister sans qu'il soit possible qu'il pense.

Mais

Mais il n'en est pas ainsi dans notre Philosophie. Chaque substance simple étant séparable de toute autre, toutes le sont les unes des autres. Formant entr'elles un composé, elles admettent une première composition; & ni elles ne supposent un progrès à l'infini, ni elles ne donnent au composé d'autres attributs que ceux qui résultent de leur nature & de la collection. Nous recevons ainsi toutes les raisons qui prouvent que le composé ne sauroit penser, & ces raisons sont démonstratives en effet; mais nous nous soutenons dans nos assertions & nous en concluons que le composé est nécessairement résoluble en parties simples. Tout se lie par ce moyen, tout s'étaie & se soutient, & nous ne prêtons pas par une assertion des atmes pour combattre l'autre (*).

―――――――――

(*) *Note de l'Edit.* Dans le système de la matiere toujours divisible, il y a sans doute un progrès à l'infini *à parte post*, comme parle l'Ecole; mais dans la supposition de l'Athée, il faudroit admettre ce progrès *à parte anté*, ce qui fait une différence infinie & met

D

Il est vrai, chaque élément de la matiere étant simple, on pourroit d'abord soupçonner que tous séparément & un à un sont susceptibles de pensée, mais ce seroit sans titre & sans fondement. Ce seroit faire un saut dans le raisonnement que de la simplicité conclure la pensée. *Cet être est simple, donc il pense.* Qui pourroit par aucune déduction établir la légitimité de cette conséquence ? La simplicité sans doute est requise pour la pensée ; mais ni elle ne la suppose, ni elle ne la renferme, ni elle ne l'entraîne.

La matiere est soumise à des loix ; les phénomenes qu'elle produit ont les leurs. Si les substances qui la composent étoient douées d'intelligence & de liberté, il n'y auroit point de loix fixes, sur lesquelles on pût compter. Les phénomenes de l'étendue & du mouvement seroient sujets

---

une contradiction dans le système de l'Athée, qui ne se trouve pas dans celui des divisibilités. Ce seroit donc inutilement que l'Athée voudroit chercher un appui dans ce système, & l'objection des Léibnitiens n'est ici d'aucun poids.

à des caprices & à des bizarreries qui mettroient le trouble dans toute l'œconomie physique & animale. Un mouvement qui commenceroit en ligne droite, finiroit brusquement en courbe sans obstacle & sans avertissement, si telle étoit la volonté des substances simples qui le produisent ; & comme il arrive aux animaux qui ont suivi quelque temps des lignes paralleles, de s'écarter à droite & à gauche, sans que nous ayons pu le prévoir, la même chose arriveroit à deux corps qui auroient suivi jusqu'ici la même direction ; de maniere qu'il nous seroit impossible de rien prévoir, de rien déterminer avec prudence, de juger du but par la direction. Rien cependant de tout cela n'arrive : les phénomenes des corps suivent des régles & des principes fixes ; ils sont soumis à des loix certaines & invariables : donc les substances qui les produisent, ne sont pas douées de volonté ni d'intelligence ; & non seulement il n'y a point de conséquence de la simplicité à la pensée, mais le fait même parle contre celle-ci, & on ne peut la supposer ni l'admettre dans les êtres simples qui servent d'éléments à la matiere.

Or dès qu'une fois il est démontré dans le fait que les substances simples qui forment la matiere, n'ont pas la faculté de penser, il l'est par cela même qu'elles ne peuvent la recevoir. Les attributs sont incommunicables, & chaque être est borné dans sa réceptivité: vouloir donc élever à la pensée un être qui n'a pas la pensée de son fonds, ce seroit l'anéantir pour en mettre un autre à sa place, & par conséquent reconnoître que le premier ne pouvoit penser.

D'une part, il n'y a point de facultés oisives; de l'autre on ne donne pas une faculté à un être qui ne l'a point. Il n'y a point de facultés oisives, parce qu'une telle faculté auroit besoin d'une autre puissance pour être mise en action, & dès lors ne seroit pas une faculté. On ne donne point une faculté à un être qui ne l'a point, parce qu'on ne peut mettre dans l'essence ce qu'elle ne renferme point.

Une faculté n'est point un mode, puisque le mode est la derniere détermination de l'être, & qu'une faculté est ultérieurement déterminée par l'action : une faculté est donc un attribut ; or l'attribut est ce qui découle de l'essence : & par conséquent tout être renferme dans son essence toute faculté qu'il comporte, de maniere que s'il n'a point cette faculté, il ne peut l'avoir.

Pour composer la matiere, ou pour faire un composé, m'ajouta le Professeur, il ne suffit pas d'une multitude d'êtres simples en général. Une multitude d'Anges conspirants par des fins morales à un même but, ne font ni de l'étendue, ni de la matiere, ni même un composé. Il faut pour un composé proprement ainsi nommé, une dépendance & une liaison physique entre ses parties, une liaison qui soit telle qu'une partie dépende de l'autre dans l'exercice de ses forces, dans le développement & l'effet de son action ; de maniere que le lien même ne dépende ni des parties ni du tout ; un composé n'est ni simplement un nombre ou un tout, ni simplement une société. Or ce lien ne peut avoir lieu dans des êtres doués d'intelligence, & par cela même de volonté. Les fins morales qui les lient & qui les conduisent à un même but, sont des principes paralleles & coordonnés, des principes variables, nullement subordonnés, ou subordonnés simplement à l'attention particuliere de ces intelligences, qui ne manquera pas de les désunir par mille volontés particulieres & mille caprices, lorsqu'il arrivera, ce que l'expérience montre devoir souvent arriver, de la variation dans les fins & dans les motifs, dans l'attention même au mérite des fins & des motifs. Une telle conspirance n'est donc qu'une conspirance fortuite, une conspirance étrangere & variable, qui bien-loin de former l'être que nous nommons matiere, ne suffit pas même pour faire proprement un composé. Il est donc absolument impossible que le corps ou la matiere résulte d'une multitude d'esprits, comme on auroit d'abord été tenté de le supposer.

Qui dit volonté, dit le désir du bien. Or ce n'est point là la force qui anime les éléments de l'étendue. La force dont ils sont doués, agit toujours & agit nécessairement. Elle n'est point libre, & n'est point un pouvoir d'agir ou de n'agir pas. Elle tend sans cesse à l'action, & n'est point comme nous, maîtresse de la sienne pour la suspendre, la tourner, la varier comme il lui plaît. C'est une action substantielle, où le pouvoir n'est jamais séparé de l'acte; & par conséquent bien différente de celle qu'exercent les esprits, & du désir du bien qui les anime, qui tantôt précipite l'action, & tantôt la suspend pour examiner & délibérer ce qu'il convient. Ce sont là deux classes à part, qu'il n'est permis de mêler ni de confondre.

Les animaux ont une ame sans doute, & apparemment vous le reconnoissez. Le nier, ce seroit renverser toute certitude morale, & me mettre dans le cas de douter si celui à qui je parle, est un homme. Cette ame est simple sans difficulté, puisqu'elle est sensitive. Or dites-moi, est-elle pensante ? peut-elle être élevée à la faculté de penser ? Donc puisque les éléments de la matiere nous donnent encore moins de marques de sensibilité que les animaux ne nous en donnent d'intelligence, il est nécessaire d'en conclure que ces éléments ne pensent ni ne peuvent penser, ne sentent ni ne peuvent sentir (*).

Si malgré l'évidence de ces raisons, reprit M. Canz, vous persistez à soutenir que Dieu peut exalter un être simple & lui donner la faculté de penser qu'il n'avoit

---

(*) *Note de l'Edit.* „ S'il n'étoit point de l'essence „ d'un être simple, comme notre ame, de sentir son „ existence & son individualité, dit très-bien feu M. „ l'Abbé de Lignac, *Témoignage du Sens intime*, tom. III. „ pag. 327. par quel moyen seroit-elle amenée à la sen- „ tir ? que faudra-t-il ajouter à un être aussi simple pour „ cela ? N'est-ce pas comme si l'on demandoit comment „ il faut le modifier pour recevoir les trois dimen- „ sions ? " C'est donc une chose réglée dans les sages principes de ce Philosophe, que les éléments de la matiere ne sentant point, ne peuvent jamais sentir tous simples qu'ils sont.

pas auparavant, vous donnerez à ces paroles de Jesus-Christ : *Ne puis-je pas de ces pierres mêmes susciter des enfants d'Abraham ?* un sens plus étendu & plus littéral, que ne leur donnent les Théologiens communément ; mais il ne suivra point de cette supposition, que les éléments de la matiere puissent penser. Ces êtres exaltés & devenus pensants, n'étant plus propres à suivre les loix méchaniques qui gouvernent les corps, cesseroient d'être des éléments ou des parties composantes de la matiere dont l'essence est de nous donner des phénomenes réglés, assujettis à d'autres loix, que celles qui gouvernent les esprits. Dans cette supposition, ce seroient des êtres qui par la libéralité du Créateur entreroient dans un autre ordre de choses, dans un ordre d'êtres tout différent : d'où résulteroit toujours une véritable impossibilité à supposer la pensée dans tout ce qui entreroit actuellement dans la composition de la matiere.

Après tout, continua le Philosophe d'un ton qui paroissoit tenir de l'humeur, de quoi dans le vrai s'agit-il contre les Matérialistes ? d'une chose, & d'une seule chose, d'une chose unique. Il s'agit de prouver contr'eux que l'ame n'a point en elle-même de principe de destruction ; qu'elle est simple & n'a point de parties ; que nulle cause naturelle ne peut ni corrompre sa substance ni anéantir sa faculté de penser ; qu'elle n'est point en un mot un aggrégat ni un tout organisé, d'où puisse résulter la pensée, comme le son résulte de l'organisation d'un luth. Or non seulement cela subsiste dans la Philosophie de LEIBNITZ ; mais cette Philosophie même en fournit de nouvelles preuves qui ne sont qu'à elle, en concentrant comme elle fait, toute existence, & par conséquent toute action dans un être simple.

Que les Monades qui composent la matiere puissent donc ou ne puissent pas être exaltées au point de devenir pensantes, dès que ce sont des êtres simples, ce sont des êtres indestructibles ; & ce n'est pas là où en veut venir le Matérialiste : ce n'est pas là son compte, ni le port qu'il se ménage, ni l'asyle où il se réfugie. Non seulement un aggrégat d'êtres simples ne pensera pas plus comme aggrégat dans cette Philosophie, que dans la supposition si révoltante & si absurde de la divisibilité infinie ; mais outre les preuves excellentes que tous les Philosophes en donnent, la chose devient d'une évidence immédiate dans ce système, dès qu'une fois il est établi qu'aucune existence, qu'aucune action ne peut résulter d'aucune organisation, mais réside nécessairement dans un être simple (*).

(*) *Note de l'Edit.* Supposons un cube de huit monades, c'est tout ce qu'on peut imaginer de plus petit : ou le tout sentira son existence, sans que les parties la sentent, ce qui est une contradiction : le tout n'est que les parties, il n'y a rien de substantiel dans le tout que ses parties : ou des huit monades chacune sentira la sienne, sans que le tout sente rien ; & alors la matiere qui est ce tout & ce composé, ne sentira point, ce qui est la question qu'il falloit prouver : ou le sens intime du cube sera le résultat des sens intimes des huit monades, & c'est une absurdité. Chaque

Il n'y auroit donc dans le vrai aucun danger à suppofer que les êtres fimples qui compofent la matiere, peuvent penfer; puifque d'une part, ils ne font pas matiere, laquelle eft néceffairement un compofé; & que de l'autre, ce font de vraies fubftances, de vrais êtres indeftructibles qui auroient à part & en eux-mêmes leur faculté de penfer antérieurement à toute combinaifon, indépendamment de toute compofition.

Les faits néanmoins nous empêchent de le dire ainfi, & ce feroit un incon-

---

monade ne fent que foi, & du fentiment des huit monades ne réfultent que huit fentiments individuels qui n'ont rien de commun; donc rien dans le tout ne fe fentiroit compofé de huit monades; donc le tout ne pourroit être un *moi*, ni fe fentir exifter; donc le cube ou la matiere qui eft ce tout, ne peut ni fe fentir exifter, ni fe fentir matiere; donc le principe penfant eft indeftructible & la matiere ne peut penfer. Suppofez maintenant que chacune de ces huit fubftances foit compofée, il en réfultera qu'aucune ne peut penfer. Ainfi c'eft une chofe démontrée dans tout fyftème que la matiere eft incapable de penfée.

vénient que de parler ou de penser contre la vérité des faits. Les loix fixes & immuables que suivent les phénomenes, nous sont garants que les êtres simples qui les font naître ne sont pas des intelligences, & dès-lors la pensée leur est absolument incommunicable, ou si elle peut leur être communiquée par une sorte d'exaltation, ils cessent de pouvoir être des éléments de la matiere & d'entrer dans cet ordre de choses qui composent le monde que nous voyons.

En effet, continua M. Canz, il n'y a dans moi qu'une monade dominante, qui reçoit toutes les impressions du dehors par le moyen du corps que j'appelle *mien*, & auquel je commande par ma volonté. Si dans moi ou dans tout ce qui compose mon être, il y en avoit plusieurs de telles, mon corps auroit à obéir à une multitude de maîtres différents, qui prétendroient y dominer & le régler chacun selon sa volonté. Rien par-là dans moi ne seroit libre ni maître de ses actions, contre tout ce que nous éprouvons. Il n'y a donc, comme je vous l'ai dit, qu'une substance pensante entre toutes les monades qui m'appartiennent; & dès-lors celle-là est d'un tout autre ordre, d'une toute autre élévation, que le reste de celles qui lui sont assujetties.

M. Canz se proposoit de continuer, lorsque prenant la parole je l'interrompis de cette maniere : j'avoue, lui dis-je, que vous venez de faire lever un nouveau jour pour moi ; mais je crois voir que vous abandonnez votre maître, qui dans dans toutes les monades admettoit la perception.

Un Philosophe n'est point esclave, répartit le Professeur, & je ne reconnois de maître que la vérité. M. LEIBNITZ ne suppofa la perception dans ses monades, que parce qu'il croyoit ne pouvoir admettre d'autre action que la perception : mais je ne vois pas pourquoi nous bornerions la vertu d'agir à celle d'appercevoir. L'action est un changement d'état, dont la raison ou le principe est dans l'être qui agit : or tout état est-il nécessairement un état de perception, & tout changement d'état un changement de représentation ? L'effort que nous faisons, lorsque voulant agir, un obstacle nous en empêche, n'est-il pas quelque chose de réel fort différent de la perception ? Toute force, tout effort, tout changement d'état, n'est donc pas nécessairement une perception proprement dite (*).

Cependant il n'y a rien de choquant dans l'assertion même de M. de LEIBNITZ, & la maniere générale dont il entend que toute monade est douée de perception, peut aisément se ramener à l'opinion commune & se concilier avec les idées ordinaires. Par le développement de sa force,

---

(*) *Note de l'Aut.* Dieu connoît distinctement tous les possibles : l'acte créatif n'est donc pas une simple perception : l'action n'est donc pas formellement une perception. Or Dieu peut communiquer un attribut sans l'autre, lorsque l'un n'est pas l'autre formellement, & la perception n'est requise que pour une action libre ou volontaire ; elle n'est pas requise pour toute action.

chaque monade est en rapport avec toute autre monade ; & par conséquent la connoissance parfaite que l'on auroit de l'une entraîneroit nécessairement la connoissance des autres : & c'est en ce sens, & en ce sens seul, que M. de LEIBNITZ a dit que toute monade est un miroir, une décoration, une représentation, & a une sorte de perception sourde & objective. Mais il faut reprendre les choses de plus haut pour bien entendre cette doctrine.

La passiveté étant un pur néant, toute substance est nécessairement active & douée de la force. La passiveté n'est que la possibilité de recevoir l'impression d'autrui ; or la simple & nue possibilité de recevoir l'impression d'autrui ne dit pas encore l'existence, puisqu'elle se trouve toute entiere dans l'essence : il faut donc y ajouter quelque chose pour concevoir l'être existant ; & ce quelque chose devant par cette raison être différent de la passiveté, ne peut être que la force & que l'activité. D'où résulte comme un principe

dans

dans cette Philosophie, ainsi que j'aurai lieu de vous l'expliquer par la suite, que toute substance est douée de force & est essentiellement active. Les éléments de la matiere devant l'être sur-tout pour s'unir, pour faire un composé & produire les phénomenes de l'inertie, de la cohérence, & de la solidité ou impénétrabilité; M. de LEIBNITZ, fut obligé de supposer dans ses monades non seulement une force qui est le seul caractere de la substance, mais un effort continuel à changer d'état, puisque c'est dans ce changement interne que consiste l'action. Or rien n'existe qui ne soit déterminé : ce changement doit donc l'être aussi dans chaque monade ; & puisqu'il ne le peut être de lui-même, parce qu'en soi il est également susceptible de plus & de moins, & qu'il ne peut l'être non plus par la seule volonté du Créateur, dont l'effet est de donner l'être & non pas les limites de l'être, il faut qu'il le soit par la force, l'exigence & l'action des autres monades; ce qui fait que tout changement successif des êtres simples a nécessairement quelque chose de rélatif aux êtres ou objets extérieurs ; & une intelligence, comme je vous l'ai dit, qui connoîtroit parfaitement l'état d'une seule monade, connoîtroit par lui la constitution de l'état des objets extérieurs.

Or ce par quoi on connoît les objets extérieurs, est un miroir ou une représentation, & c'est dans ce sens que M. LEIBNITZ a dit que tous les êtres simples sont représentatifs.

Mais il est aisé de comprendre que ce n'est là qu'une représentation *objective*, qui en tant qu'elle procède d'un principe intérieur, peut se nommer *subjective*, sans l'être néanmoins proprement, ne différant pas d'une pure décoration, d'une pure représentation *scénographique*, comme parle le Philosophe ; étant sans mémoire, sans conscience, sans apperception, telle à peu près que la peinture ou représentation qui se fait dans une chambre obscure sur le carton opposé à l'ouverture.

Tel est, selon toutes les apparences, l'état

de notre ame pendant le sommeil, lorsqu'il n'est point interrompu par des songes. Tout mouvement du corps produisant en elle des perceptions suivant les loix de l'union, le corps ou différentes de ses parties étant en action pendant le repos, ne fût-ce que par les agitations de l'air, l'impression de la chaleur, l'affaissement des chairs & la pression des nerfs, elle est alors même dans l'état vital de perception : mais ce sont des perceptions obscures dont elle n'a point de conscience, ne retenant rien pour la suite de cet état, ce qui la met dans une sorte de *stupeur*, suivant l'expression de M. LEIBNITZ, à laquelle il sera difficile d'en substituer d'autres.

Tel est même en plusieurs points l'état de notre ame, quand le corps est éveillé. J'ai une idée claire de ce papier sur lequel j'écris, & de la plume dont je me sers: cependant combien de représentations obscures sont enveloppées & cachées dans cette idée claire ? car il y a une infinité de choses dans la tissure de ce papier, dans l'arrangement des fils ou des fibres qui le composent, dans la différence & la ressemblance générale de ces fibres, que je ne distingue point, quoique ces fibres, leurs différences & leur arrangement produisent actuellement des impressions sur mes organes, & par conséquent des représentations dans mon ame. Ce qui fait donc que je ne les distingue point, c'est qu'étant trop foibles & trop composées, j'en suis trop peu affecté pour en avoir conscience, & qu'il n'en résulte dans mon ame que des représentations obscures, quoique la représentation totale soit très-claire, parce que je suis vivement affecté de la somme totale de ces impressions partiales & de l'action du tout.

En vain voudroit-on prétendre, que dès que l'action est si foible sur l'organe, elle ne passe point jusqu'à l'ame & n'excite en elle aucune impression ; car l'impression totale étant claire, & cette impression n'étant que la somme des impressions partiales de ces fibres qui composent ce papier, il est nécessaire que chaque partie, chaque qualité conftituante de ces fibres faffe impreffion, pour qu'il en réfulte l'impreffion totale, & qu'ainfi chaque impreffion, trop foible pour fe faire difcerner en particulier, agiffe néanmoins & fe faffe fentir, quoique d'une maniere obfcure, pour compofer, fi je puis ainfi parler, l'impreffion totale, néceffairement plus vive & dès-lors difcernable ou plus claire.

Si j'ai devant les yeux un fil de foie bleue très-mince & très-délié, je le vois & je le reconnois. Si j'en ai un autre de couleur jaune, je le difcerne & je l'apperçois. Il en fera de même, fi j'en regarde un millier de chaque efpece : mais fi je viens à les entremêler & à en former un tiffu très-ferré, je ne vois plus de jaune ni de bleu, je n'ai plus qu'une perception vive & claire de verd. Or d'où vient cette perception de verdure fi fenfible & fi claire ? n'eft-ce pas de la perception obfcure de chaque fil bleu & de chaque fil jaune, & de la confufion de toutes ces perceptions ? Il eft donc évident que lors même que je n'ai conscience que du verd dans le cas supposé, j'ai néanmoins une multitude de petites perceptions de jaune & de bleu, sans que je puisse les reconnoître sous leurs formes particulieres, n'étant attentif qu'à leur impression totale.

Or si dans un être doué par essence de sentiment, d'apperception & de reminiscence, il y a néanmoins une quantité de perceptions sourdes & obscures, à plus forte raison doit-il y avoir des êtres dont la force représentative n'entraîne ou ne comporte ni le souvenir ni la conscience, & dont par conséquent toutes les représentations soient sourdes, obscures & simplement *objectives* : & ce n'est que dans ce sens que LEIBNITZ admet la perception dans les substances simples qui sont les éléments de la matiere. Il est vrai que pour ménager davantage les Philosophes, il auroit dû nommer simplement représentation ce qu'il nomme perception ; mais à quoi bon disputer des mots, lorsque le sens en a été réglé & qu'ils ont été nettement expliqués ?

Ces principes posés, il est nécessaire d'admettre avec LEIBNITZ des monades de plusieurs sortes. Les unes n'ont qu'une représentation scénographique & objective sans mémoire & sans conscience. Ce sont les éléments de la matiere. Les autres avec le sentiment & un grand nombre de perceptions obscures, ont en même-temps des perceptions claires, mais confuses; ce sont les ames des bêtes. De troisiemes, outre une infinité de perceptions obscures & un grand nombre de perceptions claires, accompagnées de mémoire & de conscience, en ont aussi plus ou moins de distinctes, mais en petit nombre & incomplettes ou *inadæquates*; & ce sont les ames des hommes ou les esprits. Dieu enfin, ou la grande Monade, l'Eternel Géometre, qui, de toutes les choses, présentes, passées, futures, possibles, a des perceptions claires, distinctes & *adæquates* (*).

___

(*) *Note de l'Aut.* Non seulement les représentations des éléments ne sont que des représentations

Or ces especes différentes qui d'abord ne paroissent différer que par les degrés, différent néanmoins essentiellement & spécifiquement. Des degrés qui dans le même genre de connoissances, ne différent qu'en intensité, ne sauroient constituer des especes différentes; & c'est en ce sens que le Paysan & le Philosophe sont de la même espece. Malgré la différence immense qui se trouve entre ces deux hommes, l'homme borné a comme le Philosophe, un grand nombre de perceptions claires, toutes les sensations différentes leur étant communes, & les sensations par lesquelles nous devons discerner les objets, devant se ranger dans la classe des perceptions claires. Il a outre cela un certain nombre de perceptions distinctes, & son être peut se développer dans ce dernier

---

objectives, mais ce ne sont encore que des représentations particulieres: au lieu que l'ame s'éleve jusqu'à des notions générales, & ne se représente pas seulement les choses dans leur concert, mais encore d'une maniere générale & abstraite.

genre de connoissances, sans changer d'especes, ou ce qui est le même, sans être élevé à un nouvel ordre de perceptions; de maniere que devenant Philosophe, il augmenteroit en intensité de connoissances, mais du même ordre que celles qu'il avoit : & si d'abord il n'en avoit pas l'actualité, cependant il en avoit le germe, la préparation & la possibilité dans son essence.

Mais il en est autrement des degrés qui changent tout l'ordre des perceptions. Les simples représentations objectives, sans mémoire & sans conscience dans le sujet, sans clarté & sans distinction en rapport à l'objet, ne sont pas du même ordre que les perceptions claires ou distinctes, accompagnées de conscience, de sentiment & d'apperception; & les êtres qui n'ont que les premieres, différent en ordre & en espece de ceux qui sont doués des secondes, sans pouvoir y atteindre ou y prétendre; & ainsi du reste par une échelle successivement graduée, dont les échelons différents marquent & confinent les différentes efpeces. C'eft ainfi que l'ame des Brutes differe en ordre & en efpece de celle de l'homme ; que celui-ci differe de l'Ange, & que les différens chœurs des Anges different entr'eux fpécifiquement. C'eft ainfi que l'eau & la glace différent en efpece, quoique par un moindre intervalle, & que les fluides font rangés par les Philofophes dans une claffe différente de celle des folides.

Ce n'eft donc pas affez que les éléments de la matiere conviennent avec les efprits fous la qualité commune d'êtres fimples, pour être rangés avec eux dans la même claffe. Dieu & les créatures conviennent fous la raifon générale d'être & de fubftance & ne font pas des fubftances de même efpece. Ce n'eft pas affez que ces êtres fimples conviennent avec les efprits dans le rapport général de repréfentation ; puifqu'il y a différents ordres de perception, des ordres de perception fpécifiquement différents, & que la repréfentation objective qui convient aux éléments eft plutôt une peinture qu'une perception, qu'elle en est même infiniment distante, rien n'étant plus éloigné de la perception accompagnée de mémoire & de conscience, qu'une simple représentation objective, destituée dans l'être qui en est le sujet, de sentiment & d'apperception.

Les Esprits sont des êtres simples doués d'entendement & de volonté. Ce sont des êtres non seulement doués de perception ou qui ont en eux-mêmes l'image des objets, mais des êtres qui pensent, qui sentent & apperçoivent la différence des objets entr'eux, & qui savent en même temps se discerner des objets. Ce sont en un mot des êtres qui réfléchissent sur leurs idées, qui les comparent & les analysent, qui les mettent à profit, qui en ont conscience & sont guidés par elles selon le degré d'attention qu'ils y apportent, & qui agissent ainsi avec spontanéité & liberté ; qui dès-lors ne sont pas propres aux loix nécessaires & invariables de la méchanique, & ne peuvent servir à fonder ou produire les phénomenes fixes & constants que nous voyons. Il y faut des êtres sans liberté & sans spontanéité, qui n'ayant que des représentations obscures, sans mémoire & sans conscience, différent spécifiquement des premiers.

En effet nous voyons que dans l'action des forces méchaniques, l'effet se proportionne exactement à l'intensité de la cause; de maniere que de simples paroles prononcées du ton le plus haut ne produiront jamais de mouvement sensible dans la boule la plus petite, la plus polie & la mieux arrondie. Cependant si je dis à quelqu'un à l'oreille, que des archers le guêtent au coin de la rue pour le prendre, aussi-tôt je le vois s'enfuir à toutes jambes, quoiqu'il n'y ait nulle proportion entre ce peu de mots dits bas à l'oreille, & l'impétuosité de la course qui en est l'effet ou qui en suit. Or d'où vient cette différence ? Sinon, parce qu'à l'intensité si petite de la cause, se joint dans le dernier cas une idée morale de crainte & de danger qui produit la volonté de fuir, & celle-ci ce mouvement violent qui se manifeste à l'extérieur ; au lieu que dans l'autre cas, la cause est laissée à son impuissance, & ne produit dans l'être sur lequel elle agit, aucune idée morale, ni aucune réfléxion, parce qu'il n'en est nullement susceptible. Tout annonce donc la différence que nous mettons entre les êtres simples qui composent la matiere & ceux qui forment les esprits, & qu'il y a entr'eux une barriere que rien ne peut franchir.

Il est vrai que M. Leibnitz a paru admettre une transformation naturelle d'une espece à l'autre, & une exaltation possible d'une classe inférieure à une classe supérieure; qu'il a supposé, par exemple, que l'ame de l'homme préexistoit avec le germe sous la forme purement sensitive avant la conception, & que par le développement des organes, en conséquence de l'harmonie qui doit régner entre ces deux parties de l'homme, elle se transforme par sa force propre en ame raisonnable après la conception; d'où il prétendoit tirer avantage pour l'explication du Dogme du péché originel; mais il supposoit en même-temps que cette ame, quoiqu'existante d'abord avec les seules opérations très-affoiblies d'ame sensitive, avoit néanmoins de son fonds le germe & la préparation nécessaire pour s'élever par degrés, par un développement rapide & successif de ses facultés, aux opérations intellectuelles & à la qualité formelle d'ame raisonnable : au lieu que l'ame des bêtes n'ayant point dans son essence cette préparation, demeure nécessairement dans le genre d'ame purement sensitive, sans pouvoir jamais devenir ame raisonnable. Il reconnoissoit par-là une différence spécifique & essentielle entre les ames purement sensitives pour le moment, mais qui doivent dans la suite devenir raisonnables, d'avec celles qui ne sont que sensitives & qui par leurs déterminations essentielles, n'ont point le germe d'une pareille exaltation.

Il est vrai encore qu'il a paru douter, si Dieu par un miracle changeant substantiellement la nature d'un être d'une classe inférieure, ne pourroit pas par une sorte de surcréation, *per quamdam transcreationem*, comme il s'explique, le faire passer dans une classe supérieure. Mais ce doute ne fut en lui qu'un doute passager, & n'étoit pas même un doute arrêté. Les facultés d'un être peuvent se développer; mais on n'ente pas une faculté nouvelle sur un être qui ne l'a pas de son fonds. Cette sorte d'intus-susception n'est possible que dans un être composé. Dieu peut bien dans l'ordre de la grace donner à un être intelligent une illustration & un mouvement qui n'étoit pas dans ses préparations précédentes, je veux dire, dans la suite des perceptions qui découlent de son essence en rapport à l'ordre établi : mais ce n'est pas là donner une faculté, c'est rendre simplement actuelle une modification dont l'essence étoit susceptible & dont elle renfermoit la possibilité, quoique l'actualité n'en dût point arriver en ce monde en vertu de l'ordre préétabli, mais seulement dans un autre ordre de choses, de circonstances & de combinaisons générales ou particulieres que Dieu peut suppléer, & voilà la nature & la possibilité du *Miracle*.

Vous savez que les essences sont immuables, poursuivit M. Canz, & qu'ainsi une essence ne peut se changer dans une autre. Dire qu'en changeant substantiellement un être simple & l'élevant à une classe supérieure, c'est exalter l'individu & ne pas changer l'essence, c'est dire une contradiction. Je sais que le ver se change en mouche, quoique l'essence du ver en général ne soit pas l'essence de la mouche : mais il y a dans l'essence du ver en particulier la possibilité & le germe de cette transmutation. L'actualité même de ce changement arrive très-naturellement en vertu de l'ordre établi & des préparations précédentes : au lieu que dans les substances simples où il se fait une simple représentation de décoration, sans mémoire, sans apperception & sans conscience, il n'y a rien qui conduise à l'apperception, ni à l'exaltation prétendue. L'essence même de ces êtres y répugne ; leur réceptivité n'allant pas jusques-là,

vouloir

vouloir l'étendre, c'est briser l'être & l'anéantir pour en substituer un autre à sa place (*).

C'est ce que prétendoit M. de LEIBNITZ, lorsqu'il disoit que les attributs sont incommunicables; & dans le vrai, dans un être qui ne sent point, il n'y a rien dont on puisse se servir pour en faire un être

---

(*) *Note de l'Aut.* Les essences sont comme les nombres; or non seulement un nombre n'est pas un autre nombre, mais ne peut le devenir. Un nombre peut faire partie d'un nombre plus composé; mais alors même il n'est que ce qu'il est, il n'a point reçu d'exaltation, il n'a acquis qu'un pur rapport extérieur avec d'autres nombres qui font partie du même tout. Donc un être simple qui ne pense point, peut de même acquerir des rapports par sa combinaison avec d'autres êtres simples; mais cette combinaison n'étant ni ne pouvant être la pensée, il ne peut être exalté jusqu'à penser. La faculté de sentir & de penser qui seroit surajoutée à un être simple par une espece de surcréation, si elle ne s'identifioit pas avec l'être simple, ne pourroit le rendre pensant ni sentant; or faisant elle-même un être à part, elle ne peut s'identifier avec aucun être; ce qui est deux ne pouvant devenir un : donc nul être insensible ne peut devenir sentant, &c.

F

sentant. Il faut donc pour en venir là, créer un être nouveau qui n'ait rien du premier, & toute surcréation ne peut être qu'une simple & véritable substitution.

Cependant, comme M. de LEIBNITZ craignoit qu'on ne se donnât pas le soin ni le temps d'approfondir ces raisons, pour y acquiescer & les sentir, il examina quel inconvénient il y auroit dans cette exaltation, si elle étoit possible, & il lui fut facile de se convaincre qu'il n'y en auroit point, puisque du moment même de cette exaltation, cet être cesseroit de pouvoir être élément de la matiere, & n'auroit plus les qualités qu'il faut pour cela.

M. de LEIBNITZ imita en cela les Philosophes, qui se prêtant aux idées de leurs adversaires, font voir qu'en ce cas là même & portant les choses au pis, ils se trompent dans leurs conséquences. Ce qu'il faut sur-tout remarquer, c'est que ce seroit se tromper grandement que de comparer cette opinion à celle de *Locke*, qui supposoit que Dieu peut communiquer à la matiere la faculté de penser. Cela implique dans les termes, suivant M. de LEIBNITZ, qui montre qu'en aucun cas un composé ne sauroit penser, & que si les substances simples qui le forment, peuvent être exaltées à la faculté de penser, elles ne pourront plus, dès le moment de cette exaltation, former la matiere, ni fonder les phénomenes invariables que nous y appercevons; de maniere qu'il s'ensuivroit toujours dans cette opinion, que rien de ce qui est matiere, rien même de ce qui peut la former ou de ce qui entre dans sa composition, ne peut penser : au lieu que l'opinion de Locke étoit, que non seulement la matiere demeurant matiere, pourroit être élevée à la faculté de penser, mais par matiere il entendoit un être essentiellement composé & divisible, nullement formé de substances simples, ce qui est la plus extravagante & la plus monstrueuse de toutes les opinions (*).

(*) *Note de l'Aut.* M. Locke avoit entrevu que l'étendue n'est point un être substantiel : en consé-

Reprenons toute cette Doctrine, me dit M. Canz avec cet air de perſuaſion, qui aide lui-même à perſuader & qui ſait ſi bien ſe faire ſentir. L'ame humaine eſt telle, que de ſon eſſence découle la poſſibilité d'une multitude de ſéries ou de ſuites paralleles de perceptions différentes, dont une ſeule ſuite eſt rendue actuelle dans l'ordre exiſtant : de maniere que dans un autre monde, ou ce qui eſt le même, dans un autre ordre de choſes, telle ſuite de perceptions, qui eſt reſtée dans les poſſibles, eût été actuelle, & celle que nous éprouvons, ſimplement poſſible. Or Dieu peut dans l'ordre actuel

---

quence il ſuppoſoit un ſujet à l'étendue, dont n'ayant point d'idée, il diſoit qu'il ne ſavoit ſi Dieu pouvoit y réunir ou non la faculté de penſer. Or ſon doute eſt levé dans cette Philoſophie. Le ſujet ou le fondement de l'étendue eſt une multitude d'êtres diſtincts qui exiſtent chacun ſéparément & qui par leur diſtinction fondent & font naître le phénomene de l'étendue. Or il eſt démontré que nulle multitude ne peut penſer. Donc Dieu ne peut donner la penſée au ſujet extérieur de l'étendue.

des choses, faire tout ce qui est compatible avec l'essence de l'homme, & qui dans un autre ordre fût devenu actuel par la volonté de l'homme ; & par conséquent il peut dans l'état présent, changer l'ordre des perceptions, & donner cours à celles qui sans cette opération extraordinaire, fussent demeurées dans l'ordre des possibles : telle est la marche de sa conduite dans le régne surnaturel des miracles & de la grace.

Mais en même-temps il est évident que la possibilité de plusieurs suites de pensées très-différentes découle de l'essence de notre ame. Il ne l'est pas moins qu'il peut y avoir des êtres simples dont l'essence comporte & un moindre nombre de suites différentes & un tout autre ordre de perceptions, & qu'ainsi il y a des êtres simples doués de la force, mais sans mémoire & sans conscience, qui non seulement n'ont point de perceptions claires ni de perceptions distinctes, mais qui par là même ne peuvent être élevés en aucun cas à cet ordre de perceptions, qui seul constitue & caractérise les intelligences & les esprits.

Or c'est un fait que les éléments qui composent la matiere, non seulement ne nous donnent aucun signe d'intelligence & de liberté, mais nous montrent au contraire des phénomenes fixes & invariables, absolument incompatibles avec l'intelligence & la liberté : donc c'est pour tout Philosophe une nécessité indispensable de les ranger dans la classe des êtres simples, dont le fond ou l'essence ne comporte aucun germe, aucune préparation des opérations propres des intelligences, & dont la sphere de perceptivité ne peut être élevée jusqu'à la pensée.

D'une part, il eût été inutile d'employer à composer la matiere une autre sorte d'êtres, puisque c'eût été autant de facultés perdues, tant que ces êtres seroient demeurés dans l'état de perception obscure ; & qu'ils n'eussent plus été propres à former la matiere, dès qu'ils seroient parvenus à l'état de perception claire : de l'autre, nous avons vu cette exaltation impossible, toutes les fois que le germe n'en est pas renfermé dans l'essence ; & une foule de preuves nous a montré que rien ne résiste plus à l'intelligence & à la pensée, que la force d'inertie dont la matiere est douée. Car quoique les éléments qui la composent, soient doués de force & d'activité, cependant elle est tellement nécessaire dans son développement, qu'il en résulte pour le tout & dans le tout une force commune pour persévérer dans son état, ce qui exclut toute suspension possible, toute variation de la force dont les éléments sont doués, & par conséquent toute volonté & toute intelligence.

Non seulement les êtres simples dont l'aggrégat forme la matiere, n'ont point en eux la pensée, mais ils ne peuvent la recevoir par aucune transformation ou exaltation possible ; & quand même on s'obstineroit à supposer cette métamorphose, il n'en résulteroit aucun inconvénient, tant parce que la pensée résideroit toujours dans un être simple, que parce que cet être deviendroit par cette exaltation incapable de composer dorénavant la matiere & d'être une de ses parties (*).

Ici, M. Canz s'arrêta, & chercha à lire dans mes yeux ce que je pensois d'une doctrine qu'il venoit de m'expliquer dans un si grand détail. Sans pouvoir encore m'ouvrir à lui, je me hâtai de lui demander de nouveaux éclaircissements. Je ne sais, lui dis-je, à quel état vous avez réduit mon ame par le développement d'une doctrine si propre au premier abord à révolter tous ceux qui ne l'ont pas bien

---

(*) *Note de l'Edit.* De cette discussion, indépendamment du fond du système, il résulte que le fait prouvant que les êtres dont on voudroit former la matiere, ne sentant point, ils ne peuvent dans le droit être jamais élevés au sentiment ni à la pensée. Or il est pareillement démontré dans le système de la divisibilité de la matiere à l'infini, que son tout ni ses parties ne peuvent penser; donc on a par-là le dogme de l'immatérialité de l'ame, & sa distinction d'avec les parties composantes de la matiere démontrée dans tous les systèmes, & par conséquent indépendamment de tout système.

pénétrée. Je ne fais pas bien moi-même si je suis dans l'état de perception claire ou dans l'état de perception confuse. Il me semble que vous m'avez réduit à une sorte de *stupeur*, dont j'ai peine à me tirer. Dites-moi, je vous prie, quel peut être l'objet, de tant de scenes & de décorations, de tant de représentations infiniment variées, selon les degrés différents de perceptions plus ou moins confuses ? Je ne vois là que des images d'images, que des représentations de représentations, que des peintures qui se croisent & s'entrelacent en une infinité de manieres ; & je ne vois point d'objet. Des monades, c'est-à-dire, des tableaux en grand nombre & des miroirs : des miroirs même de miroirs, des tableaux de tableaux, des copies fans aucun original, & rien de plus.

Je comprends, lui ajoutai-je, que si tout n'étoit pas miroir ; que si l'étendue étoit réelle, les monades pourroient l'appercevoir, & que dans elles considérées comme miroirs, je verrois des objets distincts, parce qu'alors ceux-ci seroient réels & différents de leurs miroirs. Mais dans la supposition que tout est monade, que tout a des perceptions objectives, je ne vois plus que des ombres, que des riens réfléchis & multipliés. Je suis dans le cas d'Enée dans Virgile: je n'embrasse que des phantômes.

> *Ter conatus ibi collo dare brachia circùm :*
> *Ter frustrà comprensa manus effugit imago.*

Voilà pour le coup un fort sot raisonnement, reprit le Philosophe d'un ton de colere. La force des monades n'est point une idée, me dit-il, elle n'est image qu'autant que dans son développement elle est rélative ou connexe avec l'action des autres objets qu'elle modifie, & dont elle est à son tour modifiée par leur résistance ou contraction ; de maniere que, comprenant à fond toute l'étendue de ce rapport, nous connoîtrions par lui tout le fond des autres monades, ce qui fait qu'on peut appeller cette action une perception objective, ou plutôt une représentation qui a bien sa conformité avec l'état de l'Univers, mais par laquelle le simple élément ni n'a connoissance de lui-même, ni ne se discerne des autres objets, ni ne conserve aucun vestige, ni par conséquent aucune mémoire des représentations précédentes. Or dans tout cela je vois une action, je vois un changement d'état dans l'être qui agit & dans celui qui résiste. L'action suppose l'effort, l'effort à son tour suppose la force, la puissance & la faculté; & tout cela n'est pas une vaine ombre, un pur néant, comme vous le supposez.

Vous êtes blessé de ce qu'au moyen de cette force vous ne voyez rien que de rélatif, plus ou moins immédiatement, dans les monades, & n'y trouvant rien de simplement absolu qui puisse être le fondement de ces rapports, vous concluez que le tout n'est qu'image d'images, rélation de rélations, une multitude même de riens réfléchis; mais si cette objection avoit de la force, elle auroit lieu également par rapport à l'ame dans laquelle tout ce que nous fentons, tout ce que nous concevons, eft rélatif.

Vous dites que l'ame humaine eft une fubftance, & vous le dites avec vérité; nous éprouvons que c'eft un être durable & modifiable; mais les éléments en font auffi; ils durent, ils fe modifient. Vous dites que l'ame eft une fubftance penfante, & je m'empreffe de dire avec vous ce que je fens; mais la penfée eft quelque chofe de rélatif qui a trait effentiellement à un objet intelligible, à ce qui eft penfée : vous ajoutez qu'elle a une force motrice, favoir la force de changer l'ordre de coexiftence de fon corps avec les corps extérieurs : les éléments n'ont-ils pas la leur, & cette force n'entraîne-t-elle pas néceffairement plufieurs rélations dans votre ame comme dans les éléments?

Dans le fait, toute idée, toute vérité eft rélative, parce que la vérité n'eft que la liaifon des chofes, & que toute liaifon eft un rapport. Cependant cela n'empêche pas qu'il n'y ait des êtres

& des vérités ; cela n'empêche pas que pour déterminer l'essence d'une chose, on ne prenne pour attribut absolu de cette chose, ce dont le reste découle ou se déduit aisément, tandis qu'on auroit peine à le faire découler lui-même de ces qualités secondaires que nous nommons dérivées. Or ce que nous concevons de premier dans un être, c'est la force, d'où l'effort & l'action découlent ; & de même que nous définissons l'ame une substance pensante, on peut définir l'élément une substance active ; & il y a autant d'absolu dans une de ces définitions que dans l'autre.

Vous dites que si tout n'étoit pas miroir, vous n'auriez nulle peine à penser qu'une monade puisse être un miroir ; mais dites-moi donc à votre tour, s'il ne seroit pas possible que votre ame acquît des idées distinctes des autres esprits ? Dites-moi si alors elle ne verroit que des ombres, des riens réfléchis ? Dites-moi, si tout esprit n'est pas un miroir, qui a de plus conscience de lui-même & de ce qu'il apperçoit ? Vous vous faites donc illusion, ajouta-t-il, & vous cherchez à répandre de l'obscurité sur ce qui n'en a point.

Dans la Thése générale, quelque systême que l'on prenne, dès que l'ame pense, elle voit la vérité ; or la vérité n'est autre chose que la liaison des choses, & par conséquent la démonstrabilité d'un attribut par un autre ; il faut donc pour que l'ame ait une perception, une représentation, qu'il y ait dans l'objet un fondement de représentabilité, c'est-à-dire, plusieurs qualités, dont la connoissance de l'une mene à la connoissance de l'autre ; ce que LEIBNITZ appelle une représentation ou perception objective. Tout objet intelligible est donc représentatif, au sens que nous l'entendons, & ce n'est que par cette représentation qui est dans lui, qu'il est intelligible. Vous êtes donc forcé vous-même de reconnoître dans tous les objets, cette représentation qui vous offusque, & contre laquelle vainement vous disputez.

Dans le cas particulier, si telle monade tire de son fond une suite de perceptions confuses & toujours changeantes, rélatives aux changements des autres monades, pour se mettre en harmonie & en conformité avec elles, pour en concentrer dans elle tous les rapports & devenir ainsi sous son point de vue particulier, un petit monde à part, un tableau vivant ou un fidele miroir de l'Univers, tandis que chaque autre monade représente ainsi l'état des autres monades qui à leur tour représentent le sien ; ce n'est pas là cependant une même décoration, une simple répétition d'images, un simple redoublement d'ombres ou de riens réfléchis. La monade A. représente l'état des monades B. C. D. E. mais par des représentations plus ou moins confuses. Elle représente B. moins obscurément ; C. D. E. avec moins de clarté & plus de confusion, de maniere que D. représentant C. moins obscurément, & la décoration de A. plus confusément, cela fait comme deux tablatures différentes, où les mêmes objets sont vus, à la vérité, mais sous des points de vue différents. D. lui-même se trouve dans la représentation qu'il fait de A. puisque A. le représente ; mais il s'y trouve d'une maniere moins extante qu'en lui-même, puisqu'il ne représente A. que confusément, qui lui-même ne représente D. qu'avec beaucoup d'obscurité. C'est un rocher en pleine mer, où viennent se peindre moins obscurément les rochers voisins, & plus obscurément les rochers plus éloignés, dans lesquels néanmoins l'image de ce premier rocher vient encore se tracer, & les peindre eux-mêmes avec l'obscurité & la confusion dont il les représente. C'est enfin, ajouta-t-il, comme une infinité d'ames qui se connoissent, dans chacune desquelles toutes se voient elles-mêmes & toutes les autres (*).

(*) *Note de l'Aut.* Voyez ces nuages qui peignent sur la surface de ce fleuve de lourdes masses qui n'y sont point. Ce fleuve est peint à son tour dans ces nuages avec les représentations qu'il contient. Il ne nous manque que des yeux pour voir cette contre-représentation.

J'entends,

J'entends, lui dis-je, & quelqu'obscurité qu'il reste à la chose, je vois qu'il est difficile de vous sortir de cette comparaison. Cependant deux ames qui se verroient, verroient autre chose qu'elles-mêmes, & chacune ne seroit pas une répétition d'images : mais chaque monade représentant l'Univers qui n'est que la collection des monades, je ne vois nulle part où poser le pied pour concevoir la formation du monde. Le monde en ce cas ne seroit qu'un assemblage de représentations de lui-même ; & lui-même que seroit-il ?

Sans doute l'imagination est troublée, repartit M. Canz ; mais concevez un certain nombre d'esprits dont chacun ne connoisse que soi & les autres ; la chose est-elle impossible ? cependant alors que connoissent-ils ? Vous voyez que votre difficulté revient, & comme je vous l'ai exposé, qu'elle n'est fondée que sur la supposition gratuite que vous faites, qu'il faut dans un être des qualités absolues qui n'aient rien de relatif. Or je vous ai

G

fait voir que ce préjugé n'est pas fondé, & que nous nommons absolu ce que nous concevons de premier dans un être, quoiqu'il puisse & doive même être relatif.

Ce que vous pourriez me dire avec plus de fondement, ajouta-t-il, c'est qu'il est difficile de concevoir comment les phénomenes matériels que nous voyons, pourroient en derniere analyse se résoudre en de simples perceptions. Mais je vous ai déjà répondu à cette difficulté. Si nous voyions distinctement l'arc-en-ciel, par exemple, nous ne verrions que ce qui y est : nous verrions le nombre de gouttes de pluie qui le composent, le nombre de corpuscules qui composent chaque goutte, & le nombre d'éléments dont est composé chaque corpuscule. Nous verrions les divers mouvements de ces gouttes, ou plutôt de la lumiere qui les pénétre ; le nombre de ses réfractions, de ses réflexions ; le nombre de ses rayons & sa décomposition par la réfraction, & nous ne verrions rien de plus. Ce mouvement même qui l'agite, nous le verrions tel qu'il est ; nous verrions qu'il n'est en elle qu'un changement dans l'ordre ou la maniere de coexister avec les autres objets ; qu'il n'est par conséquent que le changement de son action sur les autres objets, en devenant continuellement plus immédiate, de médiate qu'elle étoit : ce qui sans doute seroit pour nous un autre ordre de choses, que les phénomenes qui nous affectent quand nous voyons l'arc-en-ciel. Mais de cet ordre de choses néanmoins peuvent & doivent résulter dans nous les phénomenes que nous voyons. Notre perceptivité étant finie, nous ne pouvons voir qu'imparfaitement ce qui se passe dans les monades qui fondent le phénomene que nous nommons l'arc-en-ciel. La sensation étant une perception claire, nous distinguons plusieurs choses dans cet arc, & mettant ces choses nécessairement les unes hors des autres, il en résulte pour nous la perception ou le phénomene de l'étendue. Ces choses que nous distinguons par des perceptions claires, nous ne les appercevons cependant que confusément, & nous ne discernons pas les qualités qui les composent, ni les limites qui les terminent. Par-là nous confondons ces choses, nous les mêlons, pour ainsi dire, & il en résulte l'idée d'une chose unique, l'idée de continuité, où il n'y a rien de distinct ni de séparé ; & dès-lors nous voyons l'arc-en-ciel comme un tout continu & étendu. Ces changements de coexistence dans les corpuscules de la lumiere, qui agissent sur les gouttes, se font sentir sans se faire discerner ; & il en résulte la perception claire en elle-même d'une couleur qui est confuse, faute de pouvoir la résoudre en ses parties, mais que nous pouvons très-bien distinguer de toute autre couleur, parce que les actions qui les produisent, inappréciables dans leurs parties, sont très-discernables dans leur somme. Vous voyez donc qu'il n'est nullement impossible de résoudre les phénomenes matériels que nous voyons, dans les perceptions objectives qui résultent de l'action des substances qui composent la matiere, ni de concevoir comment de ces perceptions qui en paroissent d'abord si éloignées, résulte en nous la vue & la sensation de ces phénomenes.

Il étoit temps de regagner la ville, tant la chaleur se faisoit sentir. Nous convinmes M. Canz & moi de nous revoir, pour continuer nos conversations philosophiques, & je ne sais si j'avois plus d'empressement de l'entendre, que je ne lui en voyois à m'instruire. Il trouvoit une certaine douceur à faire de moi un disciple de LEIBNITZ; & l'espérance qu'il avoit que je reporterois dans ma patrie la connoissance d'une Philosophie qui faisoit la gloire de la sienne, lui inspiroit de la chaleur & de l'enthousiasme.

LETTRE TROISIEME.

Du Corps, de l'Espace, du Lieu, & du Mouvement. Possibilité de la présence d'un Corps en différents lieux.

Une légere indisposition m'ayant retenu chez moi, Monsieur, j'y vis arriver M. Cins trois jours après notre dernière conversation. Il fut très-bien reçu; comme vous pouvez croire, & nous ne perdîmes point de temps en vains complimens. Eh bien ! me dit-il, que vous semble à présent de ces monades contre lesquelles vous étiez si prévenu ? Je vous ai laissé le loisir d'y réfléchir, & vous devez maintenant savoir ce que vous en devez penser.

J'ai toujours peine à me familiariser avec elles, lui répondis-je. Comment revenir de ces êtres invisibles aux êtres palpables & solides que nous voyons, que nous touchons & qui en sont si différents ? Sans doute l'imagination en est effrayée, reprit-il, mais il faut dans cette matiere lui donner des fers, ne consulter que l'esprit pur, & reprenant la chose dans son principe, aller de conséquences en conséquences par une déduction exacte, & bientôt l'on se voit arrivé au terme, & jusqu'à l'explication des différentes propriétés des corps solides, que vous croyez si éloignées.

Vous avez vu que l'étendue n'est qu'un phénomene, comme les autres qualités sensibles; qu'elle a son fondement dans la multitude, la différence & l'union des substances simples placées hors de nous; que ces substances sont actives, & douées de la force qui est le caractere de toutes les substances; qu'elles ont par-là des qualités qui les distinguent, qui empêchent notre esprit de les confondre, & qui l'obligent à se les représenter les unes hors des autres : que néanmoins bornés comme nous sommes, nous ne pouvons appercevoir toutes ces différences qui les distinguent, ni par conséquent les limites d'action qui les divisent ; ce qui fait que nous ne les discernons qu'imparfaitement que nous les mêlons, que nous les confondons un peu ; d'où résulte le phénomene de la *continuité* qui accompagne celui de l'étendue ; que l'ame étant finie dans sa perceptivité, elle a des bornes dans son action ; qu'elle se fatigue par ses efforts & se sent souvent retardée au dehors dans ses opérations, ce qui fait connoître le phénomene de la force d'*inertie*, dont le propre est de résister à l'action & d'en limiter l'effet. Voilà donc que de l'action combinée des substances simples il résulte, même involontairement, dans nous le phénomene d'une étendue continue, douée de la force d'*inertie*. Or tout ce que nous voyons étendu, continu & doué de la force d'inertie, nous l'appellons *matiere* : celle-ci résulte donc nécessairement de la combinaison, de l'union, ou ce qui est le même, des actions réciproques des substances simples.

Mais la matiere n'est point encore le corps, ce n'en est, pour ainsi dire, que l'étoffe. Il faut pour le former, ajouter à cette masse similaire, uniforme &

homogene, une forme particuliere. Cette forme vient de la force motrice qui n'est que la conspirance des actions des substances simples réunies. En effet, de la force naît le mouvement ; le mouvement fait la division ; la division borne & sépare les différentes portions du phénomene que nous nommons matiere, ces bornes ou limites produisent les figures, celles-ci les formes, & les formes les structures différentes, d'où résulte la diversité des phénomenes substantiels que nous appellons corps.

Trois choses sont donc nécessaires pour former le corps; la composition ou l'union de plusieurs substances, la force d'inertie & la force motrice. La composition ou componibilité des substances, forme l'essence du corps ou ce par quoi il est possible ; la force d'inertie, qui est une action, en fait l'existence ou le rend actuel ; la force motrice en produit les différences ou la diversité ; & par conséquent tous les corps différents sont doués d'une force motrice différente.

Le corps n'est pas en général, tout composé vaguement conçu ; c'est une partie sensible de l'Univers, composée elle-même d'autres corps inobservables qui se nomment *corpuscules*. Les corpuscules *primitifs* sont ceux qui résultent immédiatement des substances simples & qui se résolvent immédiatement en elles. Les corpuscules *dérivés* sont ceux qui résultent de l'union & de l'aggrégation des premiers, & il y en a de différents ordres. Les corpuscules dérivés du *premier ordre*, sont ceux qui sont dérivés des corpuscules primitifs. Les corpuscules dérivés du *second ordre*, sont ceux qui sont composés des corpuscules dérivés du premier ordre, & ainsi de suite par une échelle ou composition graduelle indéfinie.

Les corpuscules *primitifs* sont formés du plus petit nombre possible de monades ou de substances élémentaires, qui agissent & réagissent *immédiatement* les unes sur les autres avec les plus petites forces éminentes possibles. Les corpuscules dérivés du premier ordre, sont composés de grouppes de substances simples, qui dans chaque grouppe agissent par leurs forces éminentes *immédiatement* les unes sur les autres, mais non pas toutes d'un grouppe à l'autre.

Les corpuscules primitifs sont parfaitement *denses*, & n'ont point de *pores* dans le sens physique. On appelle pores dans le sens physique ce rapport des parties, qui fait qu'elles ne se touchent pas, ou ce qui est le même ici, qu'elles n'ont pas l'une sur l'autre une application immédiate de leurs forces éminentes : or par la définition, dans les corpuscules primitifs, les substances simples qui les composent, agissent immédiatement les unes sur les autres ; elles se sont parfaitement & immédiatement présentes, la présence n'étant que l'action immédiate. Donc les corpuscules primitifs sont parfaitement *denses*, & n'ont point de pores dans le sens physique.

Les corpuscules primitifs ont néanmoins des pores dans un autre sens que nous nommons *cosmologique*. Le pore dans ce sens est le rapport de moindre résistance, qui nous fait naître l'idée de vacuité dans cette partie : or quoique toutes les substances simples qui composent un corpuscule primitif, agissent immédiatement les unes sur les autres avec la moindre somme d'actions possible, cependant les actions de ces substances ne sont pas toutes égales. Ces substances sont différentes & ont par conséquent des qualités qui les distinguent, ces qualités ne peuvent être que les degrés de la force & de l'activité, & par conséquent ces substances n'ont pas toutes la même quantité d'action ni de résistance ; & de cette moindre résistance résulte le phénomene que l'on nomme *pore* dans le sens cosmologique, qui à son tour donne lieu au phénomene du *mouvement* qui se fait toujours vers le lieu de la moindre résistance.

Puisque les forces des substances simples qui composent un corpuscule primitif, ne sont pas égales, leurs efforts ne sont pas égaux non plus ; & puisque l'inégalité d'efforts emporte un changement, il s'enfuit qu'il doit arriver une infinité de changements continuels, non seulement dans chaque substance élémentaire, mais encore dans chaque corpuscule primitif qui en est composé. Chaque substance simple tend donc continuellement à changer son état, ou avec effet, si rien ne résiste, ou sans effet, par un simple effort, s'il y a un obstacle; & cet effort permanent & soutenu donne le phénomene de la *cohésion* qui fait qu'on ne peut séparer une substance de l'autre qu'avec un effort plus grand que les efforts opposés de ces substances. Mais en vertu de ces continuels changements, tantôt il doit arriver qu'une même substance simple cede davantage, parce qu'une autre substance agit plus sur elle; tantôt qu'elle-même agisse plus, parce que l'action ou la résistance de l'autre diminue; & par conséquent puisque les corpuscules primitifs sont composés immédiatement de ces substances, il doit arriver aussi que tantôt ils cedent à l'action plus grande qui agit sur eux, & que tantôt ils agissent eux-mêmes davantage & se rétablissent en quelque sorte dans leur premier état en reprenant le dessus ; ce qui nous donne le phénomene du *ressort*, ou de la restitution, par cette alternative nécessaire de moindre & de plus grande action, selon qu'il arrive des changements dans l'évolution de leurs forces & de celles des autres corpuscules sur lesquels ils agissent. Nous avons par-là une *élasticité* premiere qui réside dans les corpuscules primitifs, quoique parfaitement denses dans le sens physique, & c'est un avantage qu'on chercheroit inutilement dans les autres systêmes.

Dans un corpuscule dérivé il y a plus de force & d'action que dans un corpuscule primitif ; il doit y avoir plus dans le tout que dans les parties. Si un certain nombre de corpuscules primitifs s'unissent en agissant les uns sur les autres, & se résistant mutuellement plus qu'à d'autres corpuscules primitifs qui agissent aussi immédiatement sur eux, ils cohérent entr'eux plus qu'avec ces corpuscules de moindre action, ils s'en difcernent & s'en divifent en quelque forte pour faire enfemble un corpufcule dérivé.

Mais quoique les corpufcules primitifs qui entrent dans la compofition de ce corpufcule dérivé, agiffent & réfiftent plus entr'eux qu'avec les autres corpufcules, qui n'entrent pas dans cette compofition & fur lefquels ils ne laiffent pas que d'agir immédiatement, cependant ces corpufcules primitifs qui concourent à former le même corpufcule dérivé, n'agiffent pas tous avec la même force. Il doit donc y avoir dans ce corpufcule dérivé une relation de plus grande & de moindre réfiftance entre les parties qui le compofent, ce qui fait naître l'impreffion ou le phénomene d'une matiere plus fubtile & moins réfiftante, qui paroît comme interpofée entre les parties plus cohérentes: c'eft ce qu'on a nommé *materia interlabens*.

Tous les corpufcules primitifs ne font pas propres à s'unir pour former des corpufcules dérivés. Il faut pour cela qu'ils agiffent les uns fur les autres dans un certain nombre plus que sur le reste des corpuscules du même ordre, sur lesquels ils agissent aussi, & que par là nous regardons comme voisins. Or comme ce surplus d'action doit varier dans tous les degrés, il doit en résulter un grand nombre de corpuscules primitifs, qui n'agissent les uns sur les autres plus que sur les corpuscules voisins du même ordre qu'avec une différence si petite, qu'elle soit inobservable & inappréciable ; ce qui produit le phénomene d'un *fluide parfait*, sans cohérence & sans ténacité, dont les corpuscules ont entr'eux la plus grande ressemblance possible, la moindre force ou résistance imaginable en eux-mêmes, & de l'un à l'autre une *viscosité* si petite, qu'elle doit, comme leur force ou inertie, être réputée *zero* dans tous nos calculs & dans toutes nos appréciations. Tel est sans doute le cas de l'*éther* qui est le véhicule de la lumiere, & qui par cette raison doit être élastique & présent par-tout.

Par la même raison, les corpuscules dérivés de tous les ordres, pourront former les

les phénomenes des différents fluides, pourvu que la différence de leurs actions les uns fur les autres & fur les corpuscules qui les touchent, foit moins tranchante que celle des corpuscules qui entrent dans la composition des solides.

Au contraire les corpuscules de tous les ordres qui fous une certaine collection, agiront les uns fur les autres avec plus de force, que fur les corpuscules du même ordre avec lesquels ils ont même un rapport d'action immédiate, cohéreront fortement ensemble, & feront naître le phénomene des corps solides. D'une part, ces corpuscules dérivés appliquant fortement leurs forces l'une contre l'autre, résisteront à toute force qui tenteroit de les séparer, ou ce qui est le même, qui tendroit à empêcher l'action immédiate ou l'effet de leurs forces; ce qui fonde le phénomene de l'*inertie* & de la *dureté*: d'un autre, ces corpuscules étant d'un ordre plus élevé que ceux qui forment les fluides, ils auront plus de force, & cohéreront avec plus de ténacité.

H

Telle est, m'ajouta M. Canz, la cause de la dureté premiere dans tous les corps ; mais comme ils nagent tous dans un fluide, ou pour parler plus philosophiquement, comme les corpuscules fluides agissent aussi sur les solides, si les corpuscules de ceux-ci réagissent avec moins de force, soit à cause du moindre degré de force primitive dans leurs éléments, soit parce qu'ils sont d'un ordre inférieur à ceux des fluides qui n'entrent point dans leur composition, ils seront fortement comprimés les uns contre les autres par cet excès de force des fluides; & nous aurons dans eux la cause de la dureté secondaire qui par-là sera extérieure aux corps durs.

Si au contraire la plupart des corpuscules qui forment un solide sont d'un certain ordre, & que d'autres corpuscules de la même composition soient d'un ordre inférieur, ceux-ci ayant moins de force que les corpuscules de l'ordre plus élevé, céderont davantage à l'action extérieure, & il en résultera le phénomene de la *compressibilité* : de tels corps seront compressibles, & le feront plus ou moins dans tous les degrés. Si la force extérieure cesse, ces corpuscules de l'ordre inférieur pourront reprendre leurs droits par un développement rapide & successif de leurs forces dont l'effet avoit été suspendu, & le corps se rétablira dans l'état de sa premiere constitution; ce qui donnera le phénomene du *ressort*.

Si les corpuscules qui s'unissent pour former le corps, composent d'abord des molécules qui aient des superficies planes, le corps sera composé de ces lames posées les unes au dessus des autres; & à l'exemple des hémispheres fortement comprimés qui ne peuvent se séparer selon la ligne perpendiculaire à leurs surfaces, mais qui glissent aisément l'un sur l'autre, le corps sera *malléable* ou pourra s'étendre sous le marteau; & nous aurons le phénomene de la *ductilité*.

Si par l'interposition des corpuscules d'un ordre inférieur, les molécules d'un corps ne se touchent que légèrement, le corps sera *fragile*, & s'en ira aisément en éclats.

Si les corpuscules sont très-solides & que les molécules qui en sont composées cohérent moins, le corps sera *friable* ou pourra se broyer aisément.

Si les parties cohérent plus selon la largeur que selon la longueur, l'action qui divise le corps aura plus d'effet selon la longueur, que selon la largeur; il sera propre à être *fendu*, & se fendra dans la longueur au delà du point où se fait l'action latérale qui produit le phénomene que nous appellons *division*.

Si une goutte de fluide est laissée à ses propres forces, l'action de toutes ses parties se répandra également dans tout ce qui la compose; & elle nous donnera le phénomene de la *rondeur* ou d'une égale disposition autour d'un point commun qu'on nomme *centre*. Mais si cette goutte vient à toucher un plan qui agisse plus, alors ses forces inférieures plus occupées par leur réaction contre ce plan, agiront moins sur les forces opposées de la goutte;

celles-ci moins contrebalancées agiront avec plus de succès contre les parties inférieures ; l'équilibre sera détruit, & la goutte fera naître à nos yeux le phénomene d'*applatissement*.

Vous voyez, me dit alors le Professeur, comment il est possible de s'élever par degrés des substances simples jusqu'aux phénomenes composés & si différents que nous donne la diversité des corps ; mais ce n'est, comme vous l'avez vu, qu'au moyen de la force motrice & du mouvement.

La force motrice est l'effort réuni ou l'action conjointe de plusieurs substances simples réunies & tendantes à un même but, à un même objet. Le mouvement est l'exercice de cette force, en tant que nous nous le représentons confusément, & que nous ne discernons pas exactement ni les efforts des substances simples réunies, ni la qualité de leurs effets sur les autres composés. Car delà résulte un phénomene ou une apparence dans nos sens, fondée sur l'action des substances distinguées de nous, mais différente de ce que la chofe eft en effet dans ces fubftances & dans le terme de l'action de ces fubftances.

En effet, dès que l'étendue n'eft qu'un phénomène, le mouvement ne peut être rien de plus. Tous les raifonnements qui prouvent que l'étendue n'a pas fa réalité, mais feulement fon fondement dans l'objet, prouvent donc de même que le mouvement y a bien un principe réel, mais qu'il n'y eft pas tel qu'il nous paroît, à caufe de la foibleffe & de l'imperfection de nos fens. C'eft ici fur-tout, me dit-il, qu'il faut fe livrer à l'efprit pur, faire taire le préjugé & l'habitude, pour ne fuivre qu'une déduction exacte.

Nous imaginons dans l'objet un tranfport réel de fa fubftance d'un lieu à un autre, mais tout cela n'eft qu'apparent, & dans tout fyftême la réalité de ce tranfport eft impoffible.

Dans le fyftême de l'étendue toujours divifible, il faudroit pour parcourir un pouce feulement de cette étendue, que le corps divisât & nombrât successivement une infinité de parties, qui les désignât l'une après l'autre & les épuisât ; or l'infini ne se somme point, ne se nombre point, ne s'épuise point ; il seroit donc impossible dans ce système de parcourir la moindre partie d'étendue.

Je vois votre réponse, m'ajouta-t-il, ces parties en nombre infini seroient infiniment petites, & ne feroient qu'un espace fini : mais sans examiner la contradiction qu'il y a à supposer des parties infiniment petites, elles ne formeroient pas moins un nombre infini de parties : or c'est ce nombre que je dis qui ne peut s'épuiser, qui ne peut se nombrer. Dans un nombre infini, quelqu'il soit, il est impossible d'aller du premier terme au dernier, parce qu'il n'y a pas de dernier terme dans un nombre véritablement infini ; & par conséquent un nombre infini de ces parties que vous supposerez tant que vous voudrez, infiniment petites, ne peut jamais se parcourir, non à cause du temps qu'il faudroit pour cela, mais parce que la chose est impossible, parce qu'il n'y a point de dernier terme dans un nombre infini.

Ne voyez-vous pas qu'après avoir parcouru la moitié d'un pouce, il faudroit que le corps parvînt à parcourir l'autre, & que pour le faire il en parcourût d'abord la moitié, & ensuite la moitié de cette moitié, & ainsi du reste? Or dans cette seconde moitié d'un pouce, il y a des moitiés de moitiés, selon vous à l'infini; il n'y a point de derniere moitié; il n'y a point de terme qui soit *zero :* donc quelque partie que le corps eût parcouru, il y auroit toujours un fonds inépuisable de moitiés qui resteroient à parcourir; & par conséquent il n'aura jamais tout parcouru.

Quand en Géométrie on somme l'infini, ce n'est pas, comme il le faudroit faire ici, successivement: ce n'est même que par une opération apparente. Tout se réduit à retrouver le nombre fini, par la division duquel on auroit pu former telle suite de termes qui ont entr'eux un rapport fixe, & qu'on suppose pouvoir continuer à l'infini. Mais ici la division seroit réelle : on supposeroit en même-temps qu'elle est sans bornes, puisqu'on reconnoîtroit la divisibilité à l'infini, & que néanmoins elle a une fin, puisque le corps parviendroit au dernier terme de la division, ce qui est une contradiction.

Dans le système de *Zénon*, d'une étendue réelle formée hors de nous par la réunion de plusieurs points ou substances simples, la chose paroît d'abord plus aisée à concevoir ; mais dans la vérité, le transport du corps ne paroit pas mieux avoir lieu avec les circonstances qui l'accompagnent. Les corps en mouvement ont une vitesse plus ou moins grande : or cette différence de vitesse ne pourroit avoir lieu dans cette hypothèse. Dans le moindre temps possible le corps ne pourroit parcourir moins d'un point, puisqu'un point au moins est parcouru dans le moindre instant ; il ne pourroit non plus parcourir plus d'un point dans cet instant, puisqu'il faut un instant au moins pour parcourir un point. Il y auroit donc toujours une même quantité d'espace parcourue dans le même temps, & les différences de vîtesse, que nous voyons, ne pourroient avoir lieu; il ne pourroit même y en avoir aucun degré; parce qu'on ne peut concevoir ce que ce seroit que de parcourir un point. Il est donc bien évident que le mouvement ne peut être un transport réel hors de nous à la maniere que nos sens & l'imagination nous le représentent (*).

En effet le mouvement n'est que le changement successif de lieu : le lieu n'est

---

(*) *Note de l'Edit.* Dans tout système, si le mouvement est un transport, disent les partisans de LEIBNITZ, ou le corps choquant communique tout à coup son mouvement à toutes les parties du corps choqué, ou il ne le fait que successivement : dans le premier cas, le mouvement passe sans succession jusqu'à l'extrémité du diamétre du corps choqué, ce qui est une contradiction ; dans le second cas, le choquant allant plus vîte que le choqué dans les premiers temps, il faudroit qu'il y eût compénétration d'une partie des deux corps, ce qui est une absurdité. Donc, concluent-ils, le mouvement n'est un transport qu'en apparence.

que l'ordre des coexistants : le mouvement n'est donc dans tout corps qu'un changement ou un nouveau rapport de coexistence avec les autres corps. Or pour qu'un corps ait un nouveau rapport de coexistence avec les autres corps, il n'est pas nécessaire qu'il y ait en lui un transport au sens que nous nous le figurons : il suffit qu'il commence d'agir sur eux d'une maniere sensible & capable de faire impression sur nos sens avec plus ou moins de préparations intermédiaires qu'auparavant ; ce qui naître l'idée confuse & sensuelle de ce transport que je vous ai démontré impossible.

Pour concevoir mieux comment delà resulte l'apparence de ce transport & le phénomene du mouvement, il faut faire attention que chaque substance simple agit immédiatement sur toutes les substances, puisque toute substance est un miroir de l'Univers ; mais qu'elle n'agit pas sur toutes avec le même effort ou avec le même développement de sa force : qu'elle agit sur les unes plus foiblement, sur les autres d'une maniere plus éminente & plus propre à faire sur nos sens quelqu'impression; de sorte qu'il lui faut plus ou moins de préparations, plus ou moins de développement dans l'état de sa force pour commencer à agir sensiblement sur celles qu'elle n'affectoit auparavant que foiblement. D'où il résulte qu'il y a un commencement & une fin avec beaucoup d'intermédiaires dans l'action éminente d'une collection de monades, ou d'un corps sur une autre collection de monades, ou sur un autre corps déterminé. Or par-tout où nous voyons un commencement & une fin, nous nous représentons deux termes, le terme *à quo*, & le terme *ad quem*; & ne pouvant les confondre, nous tirons involontairement comme une ligne entre deux, qui est l'effet des intermédiaires qui se trouvent entre le commencement & la fin de l'action; ce qui nous fait naître l'idée d'une étendue continue, à travers laquelle le corps nous paroît s'être transporté, & c'est le phénomene du mouvement.

Si nous voyions alors distinctement ce qui se passe dans les corps, nous n'y verrions que ce qui y est, savoir le mode de la coexistence changé, & par conséquent l'action ou le mode A. échangé contre le mode B. par beaucoup de préparations ou de développements successifs & intermédiaires ; mais ne voyant tout cela que confusément, il ne nous reste que la perception vague d'un changement successif dans l'ordre des coexistants dans l'étendue que nous imaginons, ce qui ne peut se faire sans l'idée obreptice du transport du corps à travers cette étendue.

En effet, la présence n'étant autre chose qu'une action sensible apperçue comme immédiate sur un objet sur lequel elle a actuellement son effet, sans préparation ou développement ultérieur, l'action successive & éminente du corps Z. sur les corps M. N. O. nous le fait paroître successivement présent à ces corps M. N. O. & cette perception de présence successive à des corps différents que nous regardons comme les uns hors des autres, entraîne dans nous malgré nous l'idée ou la sensation d'un passage successif du corps Z. dans le voisinage des corps M. N O. ce qui est toute la réalité du phénomene du mouvement.

Quand nous voyons une boule se mouvoir, nous voyons l'ombre qui la suit ou qui la précede se mouvoir avec elle : or cette ombre est un pur néant, une simple privation, & par conséquent dans cette image qui suit le corps & où le phénomene du mouvement se fait remarquer sensiblement, il n'y a rien de transporté, il n'y a qu'une apparence ou sensation dans nous, qui a son fondement sur ce qui se passe au dehors.

Pareillement, quand à l'aide d'un miroir, un enfant fait courir l'image du soleil le long d'un mur opposé à ce miroir, il attribue un mouvement à cette image, & dans le vrai il voit un vrai mouvement ; or néanmoins il n'y a rien alors de transporté. Les rayons qui la forment, ne parcourent pas successivement le mur, & cette image n'est pas formée par tout des mêmes rayons. Le miroir ne sert qu'à rendre l'action du soleil plus extante sur le point de la muraille qui lui est opposé, & c'est cela seul qui forme l'image. Donc cette action du soleil étant rendue successivement plus éminente sur les points continus de la muraille, il est nécessaire que l'image nous présente le phénomene de quelque chose de transporté, quoique dans le vrai il n'y ait rien de transporté. Nous pouvons donc concevoir par ces exemples, comment le mouvement n'est dans les corps placés hors de nous, qu'une action plus éminente, successivement exercée sur plusieurs objets, & comment de-là il en resulte pour nous la sensation de transport ou le météore du mouvement (*).

(*) *Note de l'Edit.* Le feu roulant qui provient de la décharge successive & continue des différents corps d'une armée, est un phénomene bien différent de celui qui résulte de la décharge particuliere de chaque soldat: c'est ainsi qu'on peut concevoir dans cette Philosophie comment la réunion des forces de toutes les

Pour rendre cela plus sensible encore, prenons le soleil lui-même pour exemple, & considérons l'effet de son action sur nous ; en agissant sur les objets, il détermine leurs forces à agir sur nous d'une maniere plus éminente, en même-temps qu'il fait sentir la sienne & qu'il se manifeste à nous : puis donc que ce n'est que successivement & par des périodes réglés qu'il agit sur les objets, ce n'est aussi que successivement qu'il les détermine à agir sur nous d'une maniere sensible & éminente : d'où il résulte que son action persévérant à se faire sentir plus ou moins sur nous, conjointement avec l'action de ces objets, il est nécessaire qu'il nous paroisse répondre successivement à ces mêmes objets que nous distinguons les uns des autres, & qu'il en naisse dans nous une idée confuse de parcours, faute de bien concevoir ce qui

---

monades produit le mouvement, ou ce qui est le même, un phénomene si différent de celui qui peut venir de la force de chaque monade.

se

se passe alors dans le soleil & dans ces objets.

Cette idée de parcours que nous attribuons à l'objet mu, nous le fait attribuer de même aux éléments qui composent l'objet; ce qui fait que nous concevons une étendue immense, absolue & pénétrable, dans laquelle nous imaginons qu'un élément peut se mouvoir de la même maniere que ces objets; mais cette idée est déceptrice : le mouvement est le changement de coexistence; un élément considéré seul n'a point de coexistence, & par conséquent ne peut seul se mouvoir. Les éléments s'unissent pour composer les corps; ainsi, ou ce sont les corps entr'eux qui changent de coexistence, ou ce sont les éléments qui les composent. Un élément qui existeroit seul, ne pourroit se mouvoir.

Quoique le corps ait en soi la force motrice, cependant cette force n'est point en elle-même déterminée; il faut donc qu'elle le soit par ailleurs; & de-là la vérité de l'axiome, rien ne se meut de lui-même & par lui seul : *Quidquid movetur, ab alio movetur*. Les éléments qui s'unissent pour former un corps, se balancent réciproquement par leurs forces & sont équilibrés. La résistance étant égale de toutes parts & dans l'intérieur & dans l'extérieur, tous les efforts sont soutenus, & il faut qu'il survienne quelque chose dans l'extérieur pour détruire cet équilibre; pour déterminer le lieu de moindre résistance, vers lequel les forces des éléments moins contrebalancées & moins soutenues, se porteront par un commun effort, ce qui produit l'action plus extante & l'effet plus éminent de ce côté là, & par conséquent le phénomene du mouvement : mais il faut, comme vous voyez, qu'il survienne une cause extérieure; & il n'y a point de corps, quoique doué de la force, qui se meuve de lui-même, ainsi que l'expérience nous l'apprend.

Le changement de coexistence faisant le mouvement, ce changement venant des efforts réunis de la force, & ces efforts primitifs n'étant pas dans tous les cas égaux, puisqu'ils dépendent de la quantité de la force extérieure, il s'ensuit que les différents mouvements sont l'effet d'efforts inégaux, & que par conséquent ils ne sont pas égaux entr'eux. Le mouvement est plus vite lorsque l'action du corps plus intense se développe sur plus d'objets dans le même temps. Le mouvement est plus lent dans le cas contraire.

C'est donc ainsi, continua M. Canz, que le mouvement n'est qu'un phénomene, qu'il est en soi un événement plus noble qu'il ne paroît à nos yeux; que la communication du mouvement n'est de même qu'un météore; que s'il paroît que le corps mu céde sa place à celui qui le meut, ce n'est qu'une apparence & un événement plus noble dans la nature que dans le rapport des sens. Cette communication apparente de mouvement, n'est autre chose dans le corps choquant, que la raison suffisante qu'il contient & qui se trouve dans la collection des différentes repréfentations de fes éléments; du changement de repréfentation qui fe fait dans telle autre collection d'éléments; changement fenfible pris en gros, indifcernable pour nous dans ce qu'il eft; d'où réfulte une idée confufe & par conféquent un phénomene (*).

Mais ce qu'il faut fur-tout remarquer, ajouta-t-il, c'eft que la force motrice que je vous ai démontrée intrinféque au corps, ne pouvant fe développer de la maniere qu'il convient pour produire le phénomene du mouvement, fans l'action d'une caufe extérieure, & devant néceffairement fe développer de maniere à produire le phénomene des différentes vîteffes dans les différents cas; le Phyficien a

---

(*) *Note de l'Edit.* Zénon admettoit des points fimples, inétendus & nioit le mouvement. Avoit-il dans l'efprit le développement que nous a donné depuis M. LEIBNITZ ? *Nil fub fole novum* M. LEIBNITZ même parloit-il férieufement en publiant fon fyftême ? Voici ce qu'il en écrivoit au Docteur Pfaff: *Neque Philofophorum eft rem ferió femper agere, qui in fingendis hypothefibus, ingenii fui vires experiuntur.*

droit dans l'explication de la nature, de regarder le mouvement comme réel & comme un vrai transport du corps d'un lieu à un autre. La marche en devient moins embarrassée ; il se conduit en cela comme l'Astronome qui convaincu du mouvement de la terre, attribue souvent ce mouvement au soleil, pour rendre ses explications plus faciles. Mais une précision de langage inutile pour le Physicien, est toujours nécessaire en Métaphysique, parce que cette science s'occupe de la réalité des choses & ne se contente pas des simples apparences.

Sur ce principe, voici l'idée que le Physicien se formera de cette communication apparente du mouvement que nous montrent les phénomenes. Il concevra que la force de chaque substance simple dont le corps est composé, tend vers toutes les directions & par conséquent que dans un corps sphérique, par exemple, la force tend de la circonférence au centre par tous les rayons, & du centre à la circonférence dans les mêmes directions, ce qui fait que ces forces étant égales, il y a équilibre, & le corps est en repos : mais s'il vient à être rencontré par un corps en mouvement, la force qui tend du centre à la circonférence du corps en repos dans la ligne qui joint les centres des deux corps, sera employée à soutenir partie de l'effort du corps mu, de maniere que la force qui auparavant tendoit de la circonférence au centre dans le corps en repos, ne sera plus soutenue en totalité par cette force centrale occupée ailleurs. Il n'y aura donc plus équilibre entre les forces du corps qui étoit en repos. Sa force tendant de la circonférence au centre, n'étant plus soutenue, prévaudra, & par conséquent dans la prolongation du rayon, la force sera plus grande du centre à la circonférence, que de la circonférence au centre; ce qui fera que le corps agira plus qu'auparavant sur tout ce qui l'entoure du côté opposé au choc, divisera le milieu qui l'enveloppe de ce côté & se mouvra dans la direction du corps choquant.

Par la même raison la force du corps choquant étant soutenue en partie par le contr'effort du corps choqué, elle ne prévaudra plus tant sur la force opposée qui dans ce corps tend de la superficie au centre, & la vitesse de son mouvement sera rallentie. Il se fera donc une communication du mouvement entre les deux corps, sans qu'il passe rien du corps choquant dans le corps choqué, & ce ne sera qu'une communication apparente, mais dont on peut déduire toutes les loix du mouvement.

Les phénomenes nous apprennent que la résistance ou l'inertie des corps sensibles est proportionnelle à leur masse, & que néanmoins les Planetes en parcourant mille fois leur diametre dans l'Ether, n'éprouvent aucune résistance sensible; c'est pourquoi nous sommes forcés d'admettre deux ordres différents de substances simples ou élémentaires; les unes qui dans une certaine latitude, ont en elles-mêmes les moindres forces possibles; les autres qui pareillement dans une certaine latitude, ont des forces plus élevées & plus grandes, quoique moindres que la somme des forces qui se trouvent dans les corpuscules qui en sont dérivés.

Les substances simples du premier ordre en se rassemblant sous différents corpuscules, composent le fluide parfait que nous avons nommé l'éther, & l'inertie de ces corpuscules les uns par rapport aux autres est proportionnelle à leur masse; mais elle est infiniment moindre que celle des corpuscules formés des substances simples du second ordre, puisque l'inertie vient de la force & que la force est incomparablement moindre dans ce genre de substances : c'est pour cela que les planetes n'y éprouvent presque point de résistance, & que la rapidité de la lumiere a sur les fleurs & sur les substances les plus délicates, si peu d'effets nuisibles.

Les substances simples du second ordre forment les corpuscules dont les corps sensibles sont composés, & non seulement leur inertie les uns par rapport aux autres, est proportionnée à leurs masses *quàm proximè*, mais elle est incomparablement plus grande que celle de l'Ether, & produit plus de résistance.

Par-là, continua-t-il, nous expliquons ce qu'a si bien démontré M. *Euler*, „ qu'il „ faut admettre deux especes de matiere, „ l'une qui fournit l'étoffe à tous les corps „ sensibles & dont toutes les parties ont „ la même densité qui est très-considéra- „ ble, & qui surpasse même plusieurs fois „ celle de l'or ; l'autre dont le fluide qui „ cause la gravité, est composé & que nous „ nommons l'éther, qui a pareillement par- „ tout le même degré de densité, mais qui „ est incomparablement plus petite que „ celle de la premiere espece, plusieurs „ mille fois plus petite que la densité des „ molécules dont les corps grossiers sont „ composés. „ Laquelle moindre densité ne peut s'entendre que de la moindre force active & par conséquent résistante, des éléments de cette espece de matiere ; ce qui fait donc que les corps solides sous le même volume, n'ont pas tous la même densité ni la même inertie ; quoique celle-ci soit toujours proportionnelle à la matiere cohérente, c'est que le tissu des différents corps admet plus ou moins de corpuscules de ce fluide dont la résistance est moindre.

Vous voyez donc, m'ajouta M. Canz, que le vuide absolu n'est nullement nécessaire pour l'explication de ces phénomenes : que plus ou moins de force sous de certaines limites dans des substances qui doivent nécessairement différer & qui ne peuvent différer individuellement que par le degré de la force qui leur est commune, suffit pour rendre raison & de la résistance qu'éprouvent entr'eux les corps terrestres, & de l'insensible résistance du fluide subtil qui compose les cieux.

Vous avez vu que le corps n'est qu'un phénomene fondé dans l'aggrégat & l'évolution harmonique d'un certain nombre de substances simples ou de monades qui ont entr'elles une relation plus immédiate, plus marquée & plus tranchante dans différents degrés, qu'avec tout ce qui les environne ou n'entre pas dans la même collection ; & qu'ainsi le phénomene de tel corps particulier finit & se termine là où la relation des monades commence à être moins marquée, ce qui donne les limites du corps & détermine sa figure ; ce qui fait naître en mêmetemps le phénomene du *vuide* là où se termine l'action sensible & appréciable des fluides qui entourent le corps.

Mais ce vuide néanmoins n'est pas réel. La figure limite le corps, & la même quantité d'étendue comportant une variété infinie de figures, il faut pour l'actualité d'une figure déterminée une raison suffisante de sa détermination. Or le vuide absolu ne contient pas cette raison, puisqu'il n'est que néant ou qu'il est sans résistance, sans action & pénétrable. Donc il faut chercher ailleurs, & dans la coordination des autres monades la raison suffisante de la limite des corps & du degré de force & d'action dont les éléments sont doués. Tout corps est donc en rapport à d'autres collections de monades distinguées de lui, il est reſtreint, limité, déterminé par elles, ou comme cauſes phyſiques, ou comme cauſes exigitives; & le vuide ou l'eſpace pur n'eſt qu'un jeu de l'imagination qui n'a point lieu dans la nature.

En effet ce prétendu eſpace abſolu n'eſt ni poſſible ni néceſſaire. S'il étoit toujours multiple & diviſible à l'infini, ce ſeroit une idée abſtraite qui n'auroit point de réalité; s'il étoit compoſé de parties ſimples, il ne ſeroit pas différent de la matiere.

Les Philoſophes ont voulu diſtinguer l'étendue de l'eſpace de l'étendue matérielle, en ſuppoſant à celle-ci une impénétrabilité qu'ils refuſent à l'autre: mais cette idée eſt contradictoire. Si les parties de l'eſpace n'étoient pas impénétrables les unes par rapport aux autres, elles ne formeroient point d'eſpace, elles ne donneroient point d'étendue. Elles coincideroient en ſe touchant, & ne feroient qu'un point mathématique.

On a voulu éviter cet inconvénient, en regardant les parties de l'eſpace comme impénétrables les unes par rapport aux autres, & comme pénétrables à la matiere. Mais on ne différencie point par-là l'espace de la matiere, puisque la matiere sera de même impénétrable par rapport à elle-même & pénétrable à l'espace. Ces deux étendues étant chacune impénétrable à elle-même & pénétrable à l'autre, où est l'attribut qui les rendroit différentes ? qu'est-ce d'ailleurs que la pénétration des substances ? Toute substance est ce qu'elle est & n'est qu'elle : elle ne peut rien avoir d'intérieur que les attributs dont elle resulte.

Les parties de l'espace différeroient de la matiere, dites-vous, en ce qu'elles seroient immobiles, au lieu que celles de la matiere sont mobiles. Mais si ce sont des parties posées l'une hors de l'autre, ce sont autant de substances, qui ont leurs limites & leurs différences ; & si elles sont des substances, comment sont-elles inséparables ? Concevez une sphere dans cet espace : où est la contradiction que cette sphere tourne sur son centre contre la surface sphérique qui la contient ? Y a-t-il rien en cela qui soit contre la nature de l'espace ?

Où seroit d'ailleurs cet espace ? encore dans un autre espace ? Voilà un emboîtement d'espaces différents à l'infini, ce qui est une contradiction. Seroit-il en lui-même sans autre espace distingué de lui ? On peut donc exister en soi sans exister dans l'espace ; & dès ce moment tout espace absolu est inutile, l'espace n'est plus que l'*ordre des coexistants*.

D'où nous vient donc, lui dis-je, cette idée de l'espace que nous concevons comme éternelle, nécessaire, préexistant à tout ce qui reçoit l'être & existe dans le temps ?

Il est facile de vous satisfaire, répondit-il. Tout cela n'est qu'un jeu de l'imagination qui nous trompe & qui nous fait illusion. Observant en nous différentes modifications qui nous viennent du dehors & que nous rapportons malgré nous au dehors, nous avons idée de pluralité & nous sentons que nous pouvons l'augmenter fans fin. Nous concevons donc alors une infinité d'êtres diftinéts que nous plaçons l'un hors de l'autre ; & de-là naît l'idée obreptice ou perception confuse d'une étendue fans bornes & infinie.

Lorfque nous concevons ainfi plufieurs êtres diftincts, nous ne nous les repréfentons qu'en général, & nous ne nous repréfentons pas leurs différences fpécifiques ou leurs formes particulieres : d'où refulte l'idée d'une étendue uniforme, fimilaire, qui n'a point de détermination interne pour en diftinguer les parties les unes des autres d'une maniere fpécifique.

Mais fi nous venons enfuite a appercevoir les déterminations particulieres qui constituent quelques-uns de ces êtres, nous les réuniffons naturellement au tout & à ces premieres qualités générales dont nous avons formé l'idée d'étendue. Nous les portons ainfi comme involontairement dans cet être idéal, & nous les y logeons. Lui-même les reçoit comme le fujet contient & reçoit les modes, & à peu près comme un vase reçoit la liqueur qu'on y verse. D'où naît l'idée de vuide & de pénétrable qui accompagne celle de l'espace.

Il nous paroît vuide, en tant que nous faisons abstraction de toutes les déterminations internes des coexistants ; & il nous paroît pénétrable, en tant qu'elles nous paroissent reçues dans cet espace, lorsque nous venons à penser à elles.

L'espace nous paroît immense, nécessaire, éternel par la même raison. La possibilité de l'être ne nous montrant point de bornes, nous les supposons infinis & comme placés de tout temps les uns hors des autres, sans fin & sans commencement.

Mais tout cela n'est qu'idéal & l'effet de l'imagination : rien d'immense, rien de nécessaire, rien d'éternel que Dieu qui a tout créé, & Dieu est la souveraine Sagesse. Il n'est pas l'étendue ni l'espace. Il est par-tout tout entier sans diffusion; une partie de son immensité n'est point ici & l'autre là. En lui il n'y a ni parties

ni

ni figures; rien de rond, de quarré, de cubique, de pyramidal; rien de ce qui a l'appanage de l'étendue qui composée de parties distinctes est nécessairement limitée & figurée dans chacune d'elles.

Il est donc évident, ajouta-t-il, qu'il n'y a d'espace qu'autant qu'il y a des choses réelles & coexistantes, qui agissant les unes sur les autres avec plus ou moins de préparations antérieures, font entr'elles des ordres particuliers dont l'ensemble forme l'ordre général. Au moyen de ces ordres particuliers qu'elles forment, nous pouvons les différencier, les distinguer, les désigner même & les faire reconnoître en indiquant l'ordre général auquel elles appartiennent, & l'ordre particulier qu'elles y forment. Les ordres particuliers font le lieu; l'ordre universel fait l'espace. La multitude des êtres qui le forment & qui sont coordonnés, fait la quantité du lieu ou de l'espace; la perfection de l'ordre qui est entr'eux en fait la beauté.

Les substances simples sont les principes de l'espace & n'en occupent point;

on n'occupe point comme fait, ce dont on est membre & qu'on contribue à former. Occuper un espace, c'est dans l'ordre général former un ordre particulier: or prises séparément, les substances simples ne forment point d'ordre particulier: l'idée d'ordre renferme rapport & combinaison, & par conséquent multitude; donc les substances simples ne sont point dans l'espace, mais contribuent à le former. Les corps seuls ou les collections de monades occupent une place ou un espace.

La *distance* dans l'espace est la détermination de l'être, en vertu de laquelle cet être ne peut donner à un autre des marques immédiates de son existence qu'à l'aide de quelques préparations dans l'état de sa force; ainsi on appelle *distans* les êtres ou les corps qui ne peuvent agir immédiatement les uns sur les autres sans préparations ultérieures & antécédentes. La distance est *grande* s'il faut beaucoup de ces préparations dans le développement de la force; *moindre* s'il en faut moins.

Comme l'espace est l'ordre général des coexistants, de même le *lieu* est la maniere particuliere dont certains corps coexistent ensemble. Il se détermine par les différentes distances des corps à un certain ordre particulier qu'on regarde comme fixe. Ainsi lorsque nous faisons attention à la maniere dont une table existe dans une chambre par rapport aux murs, aux chaises, aux portes qui y sont, nous disons que cette table a une place, qu'elle y forme un ordre à part qui a un rapport déterminé avec les murs ou les choses particulieres qui y sont.

Cette table change de place, lorsqu'elle obtient une autre situation, un autre rapport de distance à l'égard de ces mêmes choses qu'on regarde comme n'ayant point changé. Un autre être occupe la même place que cette table, lorsqu'il obtient la même maniere de coexister avec tous les êtres de cette chambre. Occuper un nouveau lieu, c'est donc dans le sens réel passer à un nouvel ordre de choses & en devenir membre. On dit d'une chose qu'elle n'a pas assez de place, lorsqu'elle ne peut dans son tout appartenir à ce nouvel ordre de choses. Hors le monde il n'y a rien ; il n'y a donc point d'ordre particulier ni général, point de lieu, point d'espace, & par conséquent point de mouvement.

Exister, c'est attester par un fait sa possibilité, c'est en avoir & en donner des marques. Exister près ou être *présent*, c'est donner à un être des marques de son existence, sans une longue préparation.

La *présence* est donc le rapport ou la détermination d'un être en vertu de laquelle il agit immédiatement sur un autre sans préparation ultérieure. La présence est plus ou moins parfaite, selon qu'il faut moins ou qu'il ne faut plus de préparations. En effet lorsque l'action est immédiate, on ne peut concevoir de présence plus intime entre deux substances dont l'une n'est pas l'autre : il en résulte l'idée confuse d'une sorte de contact qui est tout ce que peuvent avoir de plus intime deux êtres dont l'un n'est pas l'autre.

Un être qui pour agir immédiatement sur un autre, a besoin de longues préparations dans le développement ou l'évolution de sa force, est un être qui n'a pas encore un rapport immédiat à l'objet, puisqu'à tout moment il en acquiert par rapport à lui un plus prochain : au lieu que dès que l'opération est immédiate, il est impossible de concevoir des rapports plus intimes & plus prochains. La présence n'est pas formellement l'opération de l'être, mais c'est cette détermination de sa force ou de son état en vertu de laquelle il n'a pas besoin de préparation ultérieure pour agir sur l'autre sans moyen & d'une maniere sensible.

De cette maniere, Dieu est par sa substance intimement & immédiatement présent à tout. Il a créé tous les êtres, il les conserve tous. La présence n'est que le rapport d'action immédiate. Dieu agit sans moyen & sans préparation ultérieure sur tous les êtres; il est donc présent tout entier & immédiatement présent à tous les êtres; aussi présent à tous & à chacun, que nous concevons qu'un corps peut être présent à un autre; présent non seulement aux parties extérieures de l'être, mais à toute sa substance & à tout ce qui le constitue (*).

Si l'étendue étoit réelle hors de l'esprit, cette toute présence immédiate de Dieu ne pourroit se concevoir sans la multiplication ou la diffusion de sa substance, ce qui entraîne un véritable inconvénient qui se voit & se sent assez sans qu'il soit besoin de l'expliquer. Mais dès que l'étendue n'est qu'un phénomene, la présence intime de Dieu ne renferme pas plus de difficulté que sa puissance, & pour la concevoir, il n'est plus nécessaire de supposer dans Dieu ou une extension ou une répétition multipliée de sa substance.

Descartes avoit senti l'inconvénient qui

(*) *Note de l'Edit.* C'est l'idée que St. Grégoire avoit de l'immensité de Dieu. *Manens intrà omnia,* dit-il, *ipse extrà omnia, nec alia parte exterior, alia interior: sed unus idemque ubique præsidendo sustinens, sustinendo præsidens.* Greg. Magn. XL. Moral. XII.

résulte de la multiplication ou de la diffusion de la substance de Dieu. C'est pourquoi il avoit pris le parti de soutenir que Dieu n'est nulle part par sa substance, en même-temps qu'il est par tout par son opération. Mais il séparoit par-là l'opération de la substance, & il enlevoit à la substance de Dieu le rapport de présence qui lui est essentiel. C'est la substance même de Dieu qui est active, c'est donc elle qui est présente par son opération. Ce qui n'est nulle part, ne sauroit être, c'est l'idée qu'en ont tous les hommes & cette idée est véritable en effet. Un être dont la substance n'auroit aucun rapport au-monde, ne seroit ni créé, ni incréé, il ne seroit rien. Un être ne peut donc n'exister nulle part.

Mais quoique la substance de Dieu ait un rapport d'opération immédiate à tous les êtres, & soit ainsi présente à tous intimement, Dieu cependant n'est ni dans le lieu ni partie du lieu. Il n'est pas dans le lieu, comme les corps, parce que présent à tout, comme un corps peut l'être à un corps, sa substance cependant ne forme pas comme les corps un ordre particulier dans l'ordre général de l'Univers. Il n'est pas partie du lieu comme les substances simples qui le composent; mais il crée ces substances simples & par elles crée l'espace & le lieu qu'elles composent. Il est ainsi immédiatement présent à tout ce qui est dans le lieu & à tout ce qui le compose, sans être proprement dans le lieu & sans en faire partie, y étant d'une maniere plus éminente par la création même du lieu; y étant par cette opération substantielle aussi présent & plus présent que s'il le remplissoit ou en faisoit partie. Un corps n'agit sur un corps qu'en limitant sa force; c'est Dieu qui donne au corps même la force dont il est doué; il est donc plus intimement présent à tout, qu'un corps ne peut l'être à un autre corps, & ceux-ci ne formant point d'étendue hors de l'esprit, cette présence n'entraîne ni ne suppose aucune diffusion dans la substance de Dieu, mais seulement les degrés infinis de fa puiffance & fon exercice immédiat. Il eſt ainſi dans le lieu ſans y être localement. Il eſt préſent aux choſes qui forment le lieu & qui le rempliſſent en le formant. Lui-même ne forme point le lieu ni ne le remplit. Il crée, il conſerve ce qui le forme & le remplit, c'eſt-à-dire, les ordres particuliers que forment les monades dans l'ordre général que leur totalité compoſe. C'eſt ainſi, me dit-il, que les vérités s'éclairent & ſe donnent mutuellement la main (*).

Il ſuit même de ces principes, ajouta-t-il, que par la puiſſance de Dieu, un corps peut tout à la fois être préſent en pluſieurs lieux. Des lieux ſont différents & diſtants l'un de l'autre, lorſque les ordres particuliers qui les compoſent, n'ont point l'un ſur l'autre d'action immédiate. Etre préſent à deux lieux diffé-

---

(*) *Note de l'Edit.* Toute cette explication paroît n'être que le développement de l'idée de St. Thomas, lorſqu'il a dit : que Dieu n'eſt pas dans le lieu, mais qu'il eſt *ut in loco.*

rents, n'est donc autre chose que d'avoir une action immédiate sur deux ordres particuliers de monades qui n'ont pas l'une sur l'autre cette action immédiate. Or où est la contradiction, que Dieu puisse disposer la force d'un corps de maniere que sans préparation ultérieure elle puisse actuellement se développer sur deux ordres de choses qui n'ont point entr'eux ce rapport d'opération immédiate ? Il est évident qu'il n'y en a point. Où seroit de même la contradiction, que tandis que ce corps agit immédiatement sur des ordres particuliers qui ont besoin d'une longue préparation pour agir sur eux immédiatement, il n'eut pas cependant ce rapport d'action immédiate sur d'autres ordres en qui il faudroit moins de préparation qu'aux premiers pour agir les uns sur les autres immédiatement ? Il est donc très-possible qu'un corps soit présent à la fois dans plusieurs lieux, quoiqu'il ne le soit pas dans les lieux qui dans le phénomene de l'étendue nous paroissent placés entre les premiers.

Ce qui peine ici l'imagination, c'est qu'on se représente la distance comme une étendue interposée entre deux objets; mais cette étendue n'est pas réelle, elle n'est qu'une apparence & qu'un phénomene fondé. Il n'y a dans l'objet qu'on regarde comme distant, qu'une suite de préparations successives, nécessaire pour que cet objet soit déterminé dans sa force immédiatement par tel autre objet. Or quoiqu'il faille à A. beaucoup de préparations pour agir sur B. & qu'ainsi A. soit distant de B. s'ensuit-il que Z. qui agit sur A. sans préparation ultérieure, ne puisse par une disposition particuliere de la force dont Dieu l'aura revêtu, agir en même-temps sur B. immédiatement & sans préparation ultérieure ? Donc Z. sera alors immédiatement présent à A. & à B. quoique A & B. ne soient pas immédiatement présents l'un à l'autre; aussi présent à la fois à chacun de ces deux lieux, qu'un corps l'est naturellement à un autre dans l'état actuel.

On dit, j'en conviens, qu'il n'y a point

d'action immédiate sur ce qui est distant, & on le dit avec vérité; mais c'est aussi sans préjudice de ce que je viens de vous expliquer. On appelle distant ce qui a besoin d'une longue préparation pour recevoir l'action d'une force : or ce qui a besoin d'une longue préparation pour recevoir l'action d'une force, ne peut la recevoir prochainement & immédiatement, & par conséquent il n'y a point d'action prochaine sur ce qui est distant. Mais ce qui est distant de A. l'est-il pour cela de Z. voisin de A ? Voilà ce qui nous paroît être, & ce qui est en effet dans l'état naturel ; & par conséquent nul corps dans l'état naturel n'est présent à la fois en différents lieux. Mais ce qui est dans l'état naturel, l'est-il nécessairement ? A. est distant de B. parce qu'il a besoin d'un long développement de sa force pour agir sur lui ; mais parce que A. sur lequel Z. a une action immédiate, a besoin d'un long développement de sa force pour agir sur B. s'ensuit-il aussi que Z. a besoin de longues préparations pour exercer sa force d'une maniere éminente sur B? il n'y a sans doute nulle conséquence de l'un à l'autre. Donc quoique A. & B. soient distants, rien n'empêche que Z. ne soit immédiatement présent à A. & B (*).

C'est ce qui a été entrevu par vos Scholastiques, m'ajouta le Professeur, lorsqu'ils ont dit que la distinction & l'identité des êtres, sont indépendantes du lieu où ils sont placés; que d'une part, le corps change de lieu par le mouvement, sans perdre son identité; que de l'autre, les lieux eux-mêmes sont différents sans rapport à d'autres lieux où ils soient placés; qu'ainsi la position d'un être dans un lieu, emporte deux choses indépendantes; l'être même de la chose qui est tel, & non tel autre, & la maniere de

---

(*) *Note de l'Edit.* On peut voir dans un ouvrage posthume de l'Abbé *de Lignac*, imprimé à Paris chez *Rozet*, comment cet Auteur explique sans réproduction & sans ce système, la présence d'un corps animé, en différents lieux.

coexister aux êtres distingués de lui, postérieure & étrangere à son identité ; que par-là la multiplication de ce rapport qui fait la multiplication du lieu, n'entraîne ni ne suppose la multiplication de l'être indépendant & antérieur à ces rapports. Mais en même-temps qu'ils ont en cela saisi la vérité, ils en sont demeurés à une notion confuse qui n'est bien éclaircie que par nos principes, selon lesquels la distance n'est qu'un phénomene résultant des développements successifs nécessaires à l'être, & non d'une étendue réelle interposée.

C'est ainsi que l'ame est présente au corps, autant qu'on peut l'imaginer, & que néanmoins elle ne lui est présente que par ses opérations. D'où il est arrivé que les Scholastiques lui attribuant les mouvements vitaux & organiques qui constituent l'économie animale, ont eu raison de dire dans cette supposition, qu'elle est toute entiere dans tout le corps, & toute entiere dans chaque partie du corps ; & quoiqu'en cela ils se soient trompés, parce que l'ame n'est immédiatement préfente qu'au *senforium*, néanmoins le fond de leur propofition fubfifte, & nous fommes obligés de reconnoître qu'elle eft préfente toute entiere au *senforium*, & préfente toute entiere à chaque partie de cet organe, & par conféquent immédiatement préfente à plufieurs parties qui ont entr'elles différentes relations de diftances, & qui ayant toutes un lieu commun, ont chacune néanmoins des lieux particuliers: vérité qu'il faut admettre ou reconnoître contre le témoignage des faits, que l'ame n'eft nullement préfente au corps; mais vérité qui feroit impoffible dans l'hypothéfe tant de fois réfutée & par tant de moyens, d'une étendue réelle, exiftante hors de l'efprit, telle que les fens & l'imagination nous la repréfente, d'ou réfulteroit l'idée fauffe & déceptrice d'une diftance réelle interpofée entre les parties du *senforium*. Tout le fond de cette diftance exifte. Elle n'exifte pas telle que nous l'imaginons, & c'eft de ce phantôme que l'imagination réveille sans cesse, que naît toute la difficulté que nous y trouvons.

Vous avez vu que le dedans d'une substance n'est pas le dedans d'une autre, parce que le dedans d'une substance n'est que la complexion des attributs qui la constituent. Vous avez vu qu'une substance simple n'a point de dehors, parce qu'elle n'a point de centre ni de superficie; qu'elle est toute entiere tout ce qu'elle est, & que ces idées de dedans & de dehors sont des idées qui ne conviennent qu'au composé & qui nous viennent de lui. Les substances élémentaires ne sont donc ni dedans ni dehors les unes des autres; ce ne sont là des propriétés que du composé, mais elles sont distinctes & ne sont que cela l'une par rapport à l'autre. Elles ne sont ni voisines ni éloignées les unes des autres, si on les considere indépendamment de leurs forces & de leurs actions. Leurs actions les rapprochent ou forment le phénomene que nous nommons éloignement ou présence, selon qu'il faut à leurs forces plus ou moins

moins d'évolutions, de préparations successives pour produire les unes sur les autres des effets sensibles & éminents. Il resulte de-là l'impression involontaire d'une étendue interposée qui n'est bonne qu'à tout confondre, si nous la laissons subsister sous la notion confuse que nous en avons. Mais toute difficulté cesse, dès qu'on prend la chose dans son origine & que l'on se convainc par une déduction exacte de l'esprit pur, que cette étendue interposée n'est point réelle. Dites-moi, je vous prie, si Dieu par sa puissance absolue, venant à anéantir une substance simple, si cette substance laisseroit un vuide étendu & figuré, comme vôtre imagination vous le représente ?

Je comprends, lui dis-je, que vous tirez tout le parti possible de vos principes : que si vous dépouillez l'Univers de l'étendue que les autres Philosophes lui attribuent, ce n'est pas dans le dessein de l'appauvrir : que vous l'enrichissez même par la force autrement réelle dont vous douez toutes ses parties. Sans elle tout ce grand fyftême tombe par terre ; mais je crains bien qu'avec elle il n'y tombe auffi, & que ce ne foit là une hypothefe deftituée de fondement.

L'activité des fubftances, reprit le Philofophe, n'eft point une fuppofition gratuite, comme vous le croyez. Elle eft très-réelle & fondée fur les preuves les plus folides & les plus convaincantes. C'eft même un des points qui rend le plus notre Philofophie recommendable. Mais pour le bien faifir, il faut toute fon attention ; & la vôtre doit être fatiguée par la contention qu'il vous a fallu apporter à tout ce que je viens de vous déduire. Ce fera, fi vous le trouvez bon, la matiere d'une nouvelle conférence, & j'ofe me flatter qu'elle achevera de vous convaincre de la vérité d'un fyftême pour lequel il n'eft que trop ordinaire de ne concevoir que du mépris. J'acceptai l'offre de M. Canz, & nous nous féparâmes après avoir pris heure pour le lendemain. Je fuis, &c.

LETTRE QUATRIEME.

De l'activité des substances.

J'Etois impatient, Monsieur, de voir arriver le moment où M. Canz devoit me convaincre de cette force qui est la base de la Philosophie Léibnitienne, & dont il m'avoit si assertivement promis les preuves les plus claires & les plus solides. Je sentois que c'étoit là la clef de tout, & élevé dans les principes d'une Philosophie qui ne fait de l'étendue, qu'une matiere morte, il me sembloit que j'allois assister à une seconde création, en voyant vivifier la matiere & la revêtir d'une force dont autrefois je ne l'avois vu dépouiller qu'avec peine ; mais dont enfin, soit raison, soit préjugé, je la croyois dépouillée à bon droit. M. Canz à mon gré ne venoit point assez tôt pour me tirer de peine. Il m'avoit communiqué une partie de son enthousiasme, &

je craignois que le sien ne se fût refroidi, lorsqu'on me l'annonça.

Vous venez à propos, lui dis-je, & je n'ai jamais eu un plus grand empressement à vous entendre. Il s'agit du fondement même du système, de cette force active que vous attribuez aux éléments : s'il se trouvoit que ce ne fût là qu'un mot sans idée, toute la charpente de l'édifice se trouveroit élevée en l'air & ne porteroit sur rien.

Y a-t-il rien au monde que nous concevions mieux que la force, reprit M. Canz? nous la sentons en nous; elle est, à le bien prendre, ce que nous concevons de premier dans une substance; c'est de son existence dont il s'agit, commençons, me dit-il, par nous en assurer.

Les parties du composé étant toutes séparément différentes de lui-même, tout composé résulte de ce qui est différent de lui; or ce qui est différent du composé, est simple; & de-là nous avons vu que tout corps, toute matiere est en derniere analyse, réductible en parties simples. Mais ces parties pour être réelles, doivent avoir des qualités, sans quoi ce seroient de purs néants qui ne pourroient entrer dans la formation du composé. Or les qualités de *simples*, de *passives*, d'*inétendues*, ne sont que des dénominations négatives qui par elles-mêmes ne mettent rien de positif dans la nature. Il faut donc pour rendre réelles les parties du composé, leur reconnoître d'autres qualités positives qui ne peuvent être que la *force* & l'*activité*. Ainsi les mêmes preuves qui nous montrent que les éléments de la matiere sont simples & inétendus, nous convainquent aussi qu'ils sont doués de force & d'activité.

En effet, tout ce que nous concevons de positif, se réduit à la force & à l'étendue ou quantité; or l'étendue ou la quantité n'est que multitude, qui par elle-même ne met rien dans la nature & n'y met que ce que les parties y mettent. Si donc celles-ci ne sont que passives, elles ne sont en elles-mêmes qu'un parfait repos qui absorbe le mouvement, elles ne font que des privations, le repos comme tel, n'étant que cela. Elles ne peuvent par conséquent ni limiter le mouvement, ni le recevoir, puisque limiter une action & la réduire, c'est agir, & qu'en recevoir l'effet, ne peut être autre chose que d'être déterminé & modifié dans la sienne par celle qu'on reçoit. Il n'y a donc rien de positif qui ne soit doué de force. La force, comme je vous l'ai dit, est ce que nous concevons de premier dans un être & de persévérant dans une substance, & par conséquent toute substance est active.

L'étendue n'est que multitude & position de parties hors de parties. Multitude suppose distinction ; la distinction suppose les limites, comme le fait la position de parties hors de parties ; & par conséquent à s'en tenir à ces idées, nous ne voyons encore que limites & privations. Il faut donc en sortir & recourir à la force, pour avoir idée de quelque chose de positif, & cette force, il est nécessaire par le même principe de la faire résider dans des êtres simples.

Comment concevez-vous l'existence, me dit-il, en haussant le ton ? L'existence ne peut être que l'état de l'essence qui la rend capable d'agir ou de pâtir; or pâtir c'est résister, résister c'est agir; il ne peut en effet y avoir d'action là où il n'y a point de résistance ; il faut concevoir une résistance vaincue, pour concevoir un effet ou une action. Dans un état qui ne résisteroit pas, l'action qui se tenteroit sur lui, passeroit outre, & il ne recevroit point d'impression; d'où il résulte qu'il ne peut y avoir d'existence sans action, & par conséquent sans force de la part de l'être qui existe.

En effet l'existence est le complément de la possibilité, il faut donc dans l'être qui existe, trouver quelque chose de plus que la possibilité ou que la non-répugnance de ses propriétés. Il doit par conséquent renfermer un fait qui par un argument ultérieur démontre sa possibilité, en faisant connoître qu'il existe. Or un être qui contient en soi la raison suffisante de la connoissance qu'il nous donne de son existence, est un être qui agit: car qu'est-ce qu'agir, sinon avoir en soi la raison suffisante d'un certain effet?

Ne voyez-vous pas, me dit M. Canz, que si un être ne conserve en lui-même aucune conséquence du premier fait de sa création, il a été anéanti aussi-tôt que créé; que si au contraire il a des conséquences du fait de sa création, il a dès-lors en lui-même une suite de faits dérivés du premier, & il en a reçu le principe ou la raison suffisante dans le bienfait de l'existence ou de la création. Or la force n'est autre chose que la raison suffisante d'un fait; donc toute substance a reçu la force dans le principe ou le bienfait de son existence.

Cette activité que nous donnons à toutes les substances, m'ajouta le Philosophe, est conforme à ce que nous enseignent les Ecritures (*); & vous savez combien les Théologiens de toutes les Communions se révolterent, lorsque Descartes

---

(*) Gen. I. ℣. 11 & 12.

& Malebranche entreprirent de dépouiller la Nature, & de priver les causes secondes d'efficace & de vertu d'agir. Qu'est-ce en effet que cet occasionalisme qu'ils y ont substitué, sinon de perpétuels miracles de la part de Dieu, une pure scene de théatre & une grande comédie de la part des Créatures ?

Dans ce système, la créature ne produit rien & Dieu fait tout. Tout paroît actif dans la Nature & rien ne l'est. Le feu ne sert point à chauffer, l'eau n'est point propre à rafraîchir : ces corps n'ont en eux-mêmes aucune vertu, même commencée, pour produire ces précieux effets ; ce ne sont que des occasions, des occasions arbitraires & par cela même inutiles.

Si les causes secondes ne sont que des apparences de causes, continua-t-il, dites-moi, je vous prie, d'où vient cette exacte proportion qui s'observe constamment entre les causes & leurs effets ? Pourquoi le choc d'un boulet n'est pas une occasion d'affermissement plutôt que d'ébranlement à une muraille contre laquelle il est dirigé ? Pourquoi l'angle obtus d'un coin n'est pas aussi propre à fendre le bois que son angle aigu ? Pourquoi la greffe d'un poirier ne donne que des poires, si par elle-même elle est aussi bonne & a autant d'aptitude à donner des pommes ou des prunes ? Dieu en cela n'a t-il fait usage de sa sagesse que pour donner à de pures apparences un air de réalité ? Est-ce pour nous jetter dans la méprise, pour nous empêcher d'en prévenir même le soupçon, qu'il a donné à tout un air d'efficace & de force dont tout est privé (*).

(*) *Note de l'Aut.* Le sentiment pénible & la fatigue de tête que nous éprouvons lorsque nous nous appliquons à la résolution d'un problème difficile, n'est, selon les Cartésiens, qu'un avertissement que Dieu nous donne de la fatigue de notre cerveau, & du danger qu'il court par cette contention. Si cela est, il faut donc cesser toute action & se rendre à la voix de Dieu, dès que le moindre mal de tête s'en mêle, & c'est aller contre une révélation précise, que de continuer. Mais si c'est Dieu

Non sans doute, lui dis-je. Vous faites à Dieu un crime de ce qui est l'effet le plus marqué de sa sagesse & de sa bonté. C'est la proportion apparente des causes secondes avec leurs effets, qui éclaire l'homme sur leurs usages, & c'est pour qu'il pût aisément connoître les causes occasionnelles assignées à chaque effet, qu'il a établi ces proportions apparentes.

Mais pourquoi tant de détours, me repartit M. Canz? Si c'est pour avoir plus sûrement des preuves, qu'une certaine greffe a été établie pour cause apparente de la formation d'un prunier qui dans son temps sera lui-même une occasion à la naissance des prunes; si d'une part la greffe & le prunier ne sont que des causes apparentes; si ce n'est de l'autre que pour la satisfaction de l'homme que

---

qui meut le cerveau, pourquoi cette fatigue & ce danger? Pourquoi le mouvement du corps est-il quelquefois si lent, lorsque le désir de l'ame est si vif?

Dieu a résolu de produire des fruits, pourquoi toute cette cérémonie de la greffe & de la culture? pourquoi le désir de l'homme n'est-il pas d'abord lui-même la cause occasionnelle de ce qui peut le remplir? Si c'est Dieu qui fait lui même le mouvement qui insére la greffe, qui développe l'arbre & le fruit, à quoi bon ce circuit de la greffe, cette lenteur de la culture & de l'évolution de l'arbre? A quoi sert dans moi l'estomach & les visceres, si c'est Dieu qui par son action immédiate & par son action seule, broie ce fruit dans l'estomach, le triture & le digere, pour en achever la préparation dans les visceres? si l'estomach & les visceres n'y contribuent que comme occasions & comme inutilités, je n'ai sans doute ni estomach ni visceres, à quoi tout cela me serviroit-il? mais ce que je vais vous dire est de la plus grande conséquence encore. Un homme conçoit dans son cœur l'affreux dessein de se défaire d'un homme vertueux dont la vie lui reproche la sienne & excite dans son ame des remords & des tourments. Comment y réussira-t-il? il n'a en lui-même qu'impuissance & qu'inefficacité; toute sa force se termine à son dessein. Dieu, selon vous, se prête à ses désirs. C'est lui qui a composé, travaillé la poudre; c'est lui qui va en charger le fusil meurtrier. Il l'arme, il le détend; lui-même allume le nitre, lance le globe, le transporte, supplée à son impuissance, divise les chairs, brise les os & détruit son propre ouvrage par mille longueurs inutiles, par des moyens qui n'en sont point, par je ne sais quelle inutilité dont le monde est plein & qui fait de l'Univers une grande & vaste superfluité. Est-ce là l'ouvrage de la Divinité? Est-ce là l'idée que nous nous sommes faite de la richesse de sa création & de ses voies?

Non, non, ajouta-t-il, la chose n'est pas ainsi: tout nous montre que Dieu est autrement libéral & magnifique dans ses dons. Le corps qui reçoit une impulsion du dehors, la réduit à un certain degré de vîtesse, la détermine vers une certaine direction. Il a donc un certain effet dont la raison est en lui, & lors même qu'il nous paroît simplement passif, il réagit & a une véritable action (*).

On ne peut pas voir, continua-t-il, que le zele que l'on montre à dépouiller les créatures de toute force, porte atteinte à la puissance même du Créateur qui ne sauroit rien faire d'actif & de véritablement réel, & dont l'infinie

---

(*) Si l'action instantanée du premier moteur sur le corps A. n'a pas suffi pour qu'il continuât à se mouvoir quelque temps, il se trouvera que le moteur ne lui aura imprimé aucun mouvement ; donc A. se meut quelque temps en vertu de l'action instantanée du premier moteur. Si donc alors il rencontre B. ou il s'arrêtera, ou il se réfléchira, ou il continuera dans sa direction. S'il s'arrête ou s'il se réfléchit, B. lui résiste & détruit son action, ce qui est un effet. S'il continue de se mouvoir, il entraîne B. & c'est encore un effet qui par conséquent suppose une action. Aucun mode de A. ne passe dans B. par cette action ; donc dans A. tout se réduit à la vertu de déterminer la force de B. qui étoit auparavant comme assoupie & occupée ailleurs.

puissance n'aboutiroit qu'à produire des apparences de causes & à nous environner d'illusions qui nous disposent à croire qu'il a fait ce qu'il ne peut faire.

On oublie même ce qu'on a soi-même enseigné, que les êtres créés ne sont êtres que par *participation* ; qu'il n'y a rien d'inactif ni d'étendu dans Dieu ; que dans lui par conséquent il n'y a aucun type, aucun modele de ces êtres passifs & étendus qu'on voudroit admettre ; que ces êtres deviendroient par-là des êtres originaux, du genre desquels il n'y auroit rien en Dieu ; que cet Etre Suprême cesseroit d'être la réalité par excellence, l'éminence, l'archétype & la source de toutes réalités.

Dieu sans doute peut faire des miracles, il en fait même quelquefois dans l'ordre de la grace ; mais ce n'est point par des miracles que se soutient le cours régulier qui fait la Nature. Or tout dans ce systême ne seroit que miracles de la part de Dieu. Quand Moyse fit jaillir l'eau d'un rocher en le frappant de sa baguette, n'étoit-ce pas un vrai miracle, & la percussion qu'il fit, n'en étoit-elle pas l'occasion ? Si l'effet de l'occasion se perpétuoit, l'opération en seroit-elle moins miraculeuse ? en seroit-elle moins ce qu'elle est ? Il faut donc dans ce système réduire le miracle au simple extraordinaire & convenir qu'il est en soi du même genre que toutes les autres opérations de la Nature. La vérité peut-elle s'en accommoder ? Vous voyez donc, reprit le Philosophe, combien de preuves & combien de genres de preuves établissent cette force que tout nous montre & que vous refusez inutilement d'accorder aux éléments.

Voilà sans doute un grand nombre de preuves, lui dis-je ; mais quelle idée se former de cette force dont vous me paroissez si libéral ?

La force, reprit-il, n'est point simplement une puissance qui n'est que la possibilité jointe à un degré de facilité. La force est un effort, une tendance. Jamais dans vous n'avez-vous éprouvé aucun effort ?

J'en

J'en fais un dans ce moment pour vous suivre, lui dis-je. Un effort est une tendance, une détermination à changer d'état. Dans moi cette détermination est l'effet de ma volonté ; mais dans les éléments, de qui est-elle l'effet ? entendez-vous qu'ils y soient déterminés par leur nature ? ce seroit dire que par leur nature ils cessent d'être ce qu'ils étoient pour devenir ce qu'ils n'étoient pas ; qu'en vertu de ce qu'ils sont, ils ne peuvent demeurer tels qu'ils sont, & par conséquent que leur essence est de changer continuellement de nature, ce qui est une contradiction.

Il est facile de tout brouiller quand on s'en tient à des notions confuses, repartit M. Canz. La faculté est le pouvoir ou la facilité d'agir ; la force est la tendance ou l'effort pour agir ; l'action est le changement d'état dont le principe est en foi ; l'état est la complexion des déterminations constantes & des déterminations variables ; donc la force est la tendance à produire les déterminations variables. Mais dans un être fini, celles-ci sont nécessairement successives. Un être fini ne peut avoir à la fois toutes les modifications dont il est susceptible ; mais il y a une tendance, si je puis parler ainsi, comme à quelque chose qui est à lui. Cette tendance réside dans ses déterminations constantes, ou plutôt elle est la forme & fait partie de ses déterminations constantes. Elle est le fond de la substance & le sujet de toutes les déterminations variables. Multipliez la force, ou cette tendance à agir, comme elle est multipliée dans une collection d'éléments, & vous aurez la multitude ou la *quantité*. Considerez la tendance comme prête à produire une telle marque de son existence déterminée, vous aurez la *qualité*. Représentez-vous cette marque qu'elle vous donne de son existence, vous aurez l'*action*. Songez à ce qui empêche que cette marque ne soit plus éminente, & vous aurez la limite de l'action, ou ce que les Philosophes appellent *passion*. Considérez la maniere dont une force se combine avec les autres, & vous aurez la détermination du lieu ou de l'*espace*. Examinez les développements successifs de cette force, & vous aurez la détermination du temps. La force est donc susceptible de tous les modes que l'on attribue à la substance, elle en a le caractere, elle en est le fond. Prise dans son abstrait, elle n'est pas la substance non plus que l'homme n'est l'humanité; mais elle l'est réunie à son concret, & l'on peut définir la substance ce qui a la force d'agir, comme l'homme se définit ce qui a un corps & une ame ou l'humanité.

D'après cet exposé, il est facile de répondre à vos questions. Vous demandez pourquoi l'être simple est déterminé à changer d'état ? Je répons qu'il y est déterminé par sa force ou par ses déterminations constantes. Vous demandez s'il y est déterminé par sa nature ? Je réponds que par la nature de sa force ou de ses déterminations constantes, il est déterminé à acquérir par tous les moyens possibles les déterminations contingentes & par conséquent à les acquérir successivement; selon l'ordre qu'elles observent entr'elles, en tant que l'une est une suite de l'autre, & comme l'a dit M. de LEIBNITZ, en tant que dans lui le présent est gros de l'avenir (*). Vous dites que par-là il change continuellement de nature en vertu de son essence, & qu'il y a là contradiction. Je réponds que par-là il change son état sans néanmoins changer sa nature ou son essence : sa nature est la complexion de ses déterminations constantes en tant que susceptibles d'autres déterminations variables : or dans l'évolution de sa force, ses déterminations constantes demeurent, elles conservent la propriété

―――――――――――

(*) *Note de l'Aut.* La force est un effort : il est de l'essence de l'effort d'avoir son effet quand rien ne l'empêche, il n'en est pas de l'avoir absolument en toutes circonstances, quand une force supérieure s'y oppose. La force est ce qui fait la nature, la possibilité de la force est ce qui fait l'essence. L'effet de la force est donc naturel, il n'est pas essentiel. *Pariunt gravida naturaliter : necessarió non item.*

qu'elles ont d'être susceptibles de déterminations variables : cette possibilité de déterminations variables s'effectue & se réduit en acte pour quelques unes, par l'effort que renferme la puissance : cet effort tend à les revêtir successivement & autant qu'il est possible, de toutes ces déterminations variables ; où est donc là la contradiction ? où est le renversement de l'essence ? La force n'est pas l'essence nue ou la possibilité, c'est l'essence rendue actuelle & revêtue de l'existence. Par l'évolution de la force, l'être ne devient pas un autre individu, mais un individu autrement modifié. Il n'est pas un autre individu, parce que la possibilité de sa modification actuelle étoit comprise dans son essence : mais il est un individu autrement modifié, parce que cette possibilité est réduite en acte par une autre détermination variable. *Non est individuum aliud, sed individuum alteratum*, ont très-bien remarqué les Scholastiques que vous méprisez trop.

Cependant, lui dis-je, l'idée d'un être

doué d'une certaine force pour changer ou pour conserver son état, renferme quelque chose de plus que cette force par laquelle il le change ou le conserve. Il faudroit donc nous expliquer cet être avec ses différents états, comme une notion préalable à celle de la force qui les conserve ou qui les change.

Nous éprouvons, répondit le Philosophe, un pouvoir intérieur de nous donner certaines pensées, une force qui produit en nous ces changements que nous regardons & qui sont autant de modifications de notre ame. Or dans notre ame y a-t-il quelque chose de plus que cette force & que ces pensées ou modifications qui en sont l'effet ? de quelle utilité seroit ou pourroit être ce surplus ? Pourquoi donc demander autre chose que la force & les changements qui en sont l'effet, pour constituer un être, simple élément de la matiere ? Nous sentons qu'il nous faut souvent des efforts pour nous rendre attentifs; nous sentons qu'il en résulte en nous des effets successifs différents les uns des autres. Voilà donc un type sur lequel nous pouvons nous former une idée des éléments qui composent le corps. Si l'ame est libre dans l'exercice & la suspension de cet effort, ce n'est point une condition de l'effort pris en lui-même & en général. Cette liberté vient d'un autre principe ; de la conscience que l'ame a de ses perceptions, de l'attention réfléchie qu'elle y donne & dont le pouvoir est l'effet de la conscience & de la mémoire qu'elle a de ses perceptions, de la clarté & de la distinction qu'elles ont ; au lieu que ces éléments n'ayant point proprement de perceptions, n'ayant que des représentations sourdes, fugitives & objectives, sans mémoire & sans conscience, il n'y a dans eux aucun pouvoir de suspendre leur effort & conséquemment point de liberté. Cependant malgré cette différence évidente & spécifique, l'état de l'ame servira toujours beaucoup pour nous faire concevoir une idée de l'état de ces éléments. Je vous y rappelle, continua-t-il, comme à un principe qui doit tarir en vous une source abondante de difficultés & d'objections (*).

C'est ce principe même auquel vous me rappellez, repris-je, qui les fait naître & qui les augmente. Il m'apprend que toute action d'un être fini ne se répand pas au dehors & se termine nécessairement en lui-même. Comment donc pourrois-je concevoir que les *sémilles* ou substances simples qui composent la matiere, ont en elles-mêmes le pouvoir d'agir les unes sur les autres ?

Sans doute, répartit de bonne foi

(*) *Note de l'Aut.* Quelques Philosophes ont prétendu qu'il n'y a de vraies forces, que les causes libres, qu'un pouvoir n'est pouvoir qu'autant qu'il est séparable de son effet; qu'il en est de même de l'effort; qu'en un mot entre une cause & un effet nécessaire selon les circonstances où se trouve la cause, il n'y a point le rapport proprement dit du pouvoir à l'acte. Nous n'examinerons point cette subtilité & nous omettons de disputer des mots. Il suffit dans cette Philosophie, qu'il y ait alors le rapport du principe à la conséquence.

M. Canz, les Philosophes ont été embarrassés de tout temps pour se former une idée nette de cette influence. Mais combien de choses faut-il admettre, quoiqu'on n'en ait pas une idée claire? Nierons-nous l'effort que l'ame fait sur le corps, cet effort que nous sentons, qui nous fatigue & qui nous peine, dont tour à tour nous éprouvons la puissance & les limites, parce que nous sentons de la difficulté & de l'embarras à le définir? Tant d'idées qui nous obsédent, dont nous rougissons, en ferons-nous Dieu l'auteur, à propos d'une simple occasion arbitraire uniquement établie par lui? Ne poussons pas plus loin cette preuve, me dit-il, & revenons.

Lorsqu'un être agit sur un autre, il ne se détache rien du premier pour se communiquer au second. Un mode, une qualité ne peut se détacher du sujet où elle réside, & dans les êtres simples il n'y a point de pores par où cette qualité puisse s'insinuer. La communication du mouvement que nous voyons n'est donc qu'apparente, & il n'y a point de tranfmigration poffible des qualités d'un fujet dans un autre.

Mais parce qu'un être fimple ne peut rien faire paffer de fa fubftance dans celle d'un être fimple, s'enfuit-il que par l'application de fa force, un de ces êtres ne puiffe limiter, empêcher & retarder le développement & l'effet de la force de l'autre ? M. de LEIBNITZ l'a penfé comme vous, & je vous expliquerai par la fuite comment il y a fuppléé : mais je fuis obligé de convenir que jufqu'ici cela n'eft pas bien démontré. Dieu fans doute a le pouvoir d'agir hors de lui & d'agir dans l'intérieur de notre ame, non par la transfufion d'une de fes réalités dans nous, cela eft impoffible ; mais par la limitation, la production même de nos fenfations, découlant de l'énergie de fa force & de l'efficace de fa puiffance. Or qui empêcheroit qu'il n'eût doué les monades de pareille force d'agir au dehors en limitant la force des autres monades ? D'une part, cette action eft en soi possible, puisqu'elle existe en Dieu : de l'autre, tous les attributs de Dieu sont communicables, & ce qu'il posséde dans un degré infini, peut se communiquer à la créature dans des degrés limités. Dieu est infini en durée, en connoissance, en sagesse, en bonté, en justice, en vérité, & tout cela est participable par la créature en un certain degré ; n'y auroit-il que le pouvoir d'agir hors de lui qui ne pourroit être communiqué ? quelle raison rendra-t-on de cette différence ?

Dans un être fini, dites-vous, l'action se termine nécessairement au dedans. Agir au dehors, c'est le privilege de l'infinité ; mais de quelles raisons solides appuyerez-vous de tels principes ? Un pouvoir borné ne peut pas tout assurément ; mais pour cela ne peut-il rien ? Sera-t-il moins borné pour agir au dehors, dès qu'au dehors il ne peut pas tout ? Seroit-ce une bonne raison pour penser qu'il y peut tout, parce qu'il y pourroit quelque chose ? Autant vaudroit-il dire que l'homme connoît tout ou peut tout connoître, parce que dans le vrai il n'ignore pas tout. Ne voyez-vous pas que l'action qui se termine au dedans, que vous reconnoissez & qu'il faut bien reconnoître, puisque nous la sentons; ne voyez-vous pas, dis-je, que toute cette action au dedans renferme toute la difficulté réelle qui se trouve dans l'action au dehors ? De part & d'autre c'est une modification qu'il faut produire ; de part & d'autre il existe un sujet pour la recevoir. Tout est donc ici égal dans ce qu'il y a de principal.

J'avoue que dans un être qui agit au dehors, continua-t-il, il faut reconnoître une connexion nécessaire entre son action & un certain effet dans toutes les circonstances requises entre son effort & un effet proportionné. Mais pour être nécessaire, cette connexion ne peut-elle être limitée ? Cela seroit si c'étoit une connexion nécessaire absolue ; mais si ce n'est qu'une connexion nécessaire rélative, ne se borne-t-elle pas nécessairement aux effets auxquels seuls elle est rélative ? Or qui empêche de concevoir une connexion purement rélative entre une certaine force & un certain effet, entre un certain effort & un effet proportionné ? Pouvons-nous tout, parce que nous pouvons peu ? Et encore une fois, notre attention peut-elle s'étendre à tout, parce que dans le fait elle s'étend à un certain nombre d'objets (*).

On peut donc, poursuivit le Philosophe, concevoir dans les monades une force réelle, quoique limitée dans son énergie & dans ses effets; une force de faire telles & telles choses & rien de plus; & ce sera l'ordre que Dieu aura voulu introduire dans l'Univers qui aura réglé dans chacune la mesure de force qu'il

---

(*) *Note de l'Edit.* Sous l'archet du plus savant Musicien, l'harmonie du violon cesse si les cordes viennent à se relâcher. N'est-ce pas là une preuve que tout pouvoir communiqué est nécessairement un pouvoir borné, assujetti à des conditions dont l'absence ou la présence en détermine la mesure.

convenoit de leur donner. De cette manière, elles pourront se modifier l'une l'autre, limiter & déterminer réciproquement leurs forces dans des degrés différents, sans que de l'une il passe rien dans l'autre, sans que l'effet de leurs forces s'étende à tout. Ainsi quand un corps supérieur en force agit sur un autre, il soutient la force de ce corps qui agit de ce côté; cette force occupée là ne sert plus à balancer la force du corps choqué qui tend de l'autre côté; celle ci en conséquence a de ce côté là un effet qu'elle n'avoit pas, tandis que celle du choquant soutenue en partie, n'a plus & ne peut plus avoir tout l'effet qu'elle avoit; ce qui produit le phénomene ou l'apparence d'une communication de force faite comme par une sorte de contagion.

Cependant, lui dis je, de ce que Dieu peut créer des substances, il ne s'en suit pas que la créature puisse recevoir de lui le pouvoir d'en créer dans un moindre degré. La différence est grande, reprit-il. Nous concevons que la création des substances est en soi quelque chose de plus noble & de plus élevé que la simple production des modes, que la simple limitation réciproque de la force qui se développe. L'impossibilité de créer des substances n'entraîne donc pas par elle-même l'impossibilité de produire des modalités. Notre ame n'est-elle pas active dans la production de ses modes & de ses volontés ? En concluerez-vous qu'elle peut produire des substances ?

Je mets une grande différence, poursuivit-il, entre ces deux opérations. La production des modes travaille sur un sujet déjà existant : la création des substances agit, pour ainsi dire, sur le néant. L'une détermine l'être déjà existant & ne fait que limiter ou retarder sa force ; l'autre le crée & le produit, le rend existant de néant qu'il étoit, ce qui fait une différence infinie. Dans le développement ou l'exercice d'une force, il y a deux choses : le positif de l'action & ses limites. Or nous ne disons pas qu'une force produit le positif de l'action de l'autre, nous difons uniquement qu'elle la reftreint & la limite, qu'elle lui eft un obftacle qui change l'action en la déterminant autrement. Eft-ce là une création (*) ?

Ce qui fait encore, ajouta-t-il, que la création des fubftances requiert une force infinie, c'eft qu'une fubftance n'eft jamais créée feule & fans coordonnation avec d'autres fubftances. Toute fubftance,

---

(*) *Note de l'Edit.* C'eft à peu près de cette maniere que les Scholaftiques, entr'autres St. Thomas, raifonnoient fur l'efficace des caufes fecondes. La poffibilité des chofes, difoient-ils, n'eft que la participabilité des attributs de Dieu dans le degré qui n'exprime point l'infinité. L'opération de Dieu fur l'être en tant que diftingué du néant, a un rapport de Dieu à l'être en tant qu'être, & par-là même s'étend à tous les êtres. Elle eft par conféquent infinie & incommunicable ; c'eft la création. L'opération de Dieu fur tel être pour le modifier de telle ou telle façon, ne l'atteint plus fous la raifon générale d'être, mais fous une raifon limitée, & elle eft participable par la créature qui incapable de créer, peut néanmoins recevoir une ❜❜❜ force de production pour limiter un fujet déjà exiftant, & qui prête par cela même à cette action.

pour

pour exister, doit être limitée & déterminée, elle doit par conséquent avoir une cause de ses limites & de ses déterminations; or cette cause ne peut se trouver que dans la force & l'exigence des autres substances qui doivent être en harmonie avec elle; cette cause de la limitation d'une substance ne pouvant se trouver ni en elle-même ni dans Dieu. En elle-même elle est susceptible de plus d'intensité, & son essence comportant plus qu'elle n'a reçu, ne peut être la raison suffisante du degré auquel elle a été bornée. Dieu étant la bonté même, & sa bonté étant un penchant infini à se communiquer lorsque rien ne l'empêche, il a dû avoir des raisons hors de lui pour restreindre à tel ou tel degré les effets de sa bonté; & ces raisons n'ont pu être que l'exigence des autres créatures produites en même-temps, qui toutes devant composer un ordre & un tout, ont déterminé comme causes finales & exigitives le degré particulier de chaque substance, nécessaire pour entretenir & pour produire l'harmonie du tout.

Tout être tend d'ailleurs à se développer. C'est un ressort qui parviendroit dans un moment à toute sa détente, si rien ne s'y opposoit. Ce n'est donc & ce ne peut être que la contre-nitence mutuelle des êtres, qui les borne & les détermine réciproquement & qui les soutienne dans l'action ; & par conséquent quoique chaque substance ait pu être créée seule d'une possibilité premiere & même de la possibilité physique secondaire, elle n'a dû cependant être produite qu'avec une multitude d'autres substances simultanées & coordonnées qui aient restreint, limité & déterminé son être, servant elle-même à limiter le leur, ce qui fait l'ordre de l'Univers & suppose une puissance infinie, incommunicable à toute créature. Vous voyez donc, reprit le Philosophe, que, de la force que nous attribuons aux Créatures, il n'y a nulle conséquence au pouvoir & à la faculté de créer, & que rien n'établit encore démonstrativement que les créatures n'ont point de force & ne peuvent mutuellement s'empêcher, se limiter. Voulez-vous réduire tout l'Univers en un jeu méprisable de marionettes ? N'est-il pas évident qu'un morceau de cire applati est bien moins éloigné de l'aptitude nécessaire pour recevoir une forme ronde, que le néant ne l'est pour recevoir l'être ? Cet effort que nous faisons pour mouvoir le corps, cette fatigue qui le suit, tout cela n'est-il qu'un sentiment, qu'une illusion & qu'une momerie de la part de Dieu qui donne à tout un air de vie, tandis que rien ne l'a (*) ?

(*) *Note de l'Edit.* Dès qu'il n'est pas contre la grandeur & la Souveraineté de Dieu que l'existence des créatures soit une vraie existence, il ne l'est pas qu'il y ait en elles une vraie force distinguée de la sienne. *Fontenelle*, Doutes, pag. 71. Y a-t-il plus loin de l'être à la force, que du néant à l'être ? S'il falloit entendre comment une force se développe, pour l'admettre, on courroit risque de rejetter la Création. Si notre ame est la vraie cause de ses déterminations & est capable de se modifier, qui em-

Sans doute, poursuivit-il, l'ame ignore qu'il y ait des esprits animaux, elle ignore qu'il y ait des nerfs & des muscles, elle ne sait pas par intuition quelle corde il faut tendre, quel fil il faut tirer pour mouvoir le pied ; d'où les Philosophes ont conclu qu'elle n'avoit point de part au mouvement du pied, que sa volonté n'étoit qu'une priere, son désir qu'une occasion, l'effort que nous sentons qu'un sentiment & une passion, quoique malgré nous il se présente à nous comme une action. Mais ce que l'ame ne connoît pas par idée, ne peut-elle le savoir par expérience ? L'expérience qui instruit de ce qu'il faut faire, apprend-elle comment l'effet se fait ? Un homme apprend à jouer du luth, il ne sait où il faut poser le doigt pour faire résonner tel son. Il tente, il se trompe, il se redresse,

---

pêche que Dieu lui donnant ce pouvoir sur elle-même, ne lui ait aussi donné celui d'agir sur son corps ? Entend-on mieux, explique-t-on mieux l'un que l'autre ? *Boullier*, Disc. Philos. pag. 73.

il acquiert de l'expérience ; il pose dans la suite machinalement & avec certitude le doigt où il faut pour causer tel son, pour exciter successivement une suite de sons harmoniques & différents. Or demandez à cet homme qu'il vous montre par intuition où il faut précisément poser le doigt pour exciter tel son, où il faut tout de suite le porter pour en exciter tel autre ; vous verrez qu'il hésitera, qu'il se trompera, qu'il usera de longueur, que l'expérience de ses doigts n'en a point donné à sa vue, qu'il exécute par expérience & qu'elle n'est point devenue en lui une connoissance intuitive. Il en est de même de l'ame. Dans le ventre de la mere, dans l'enfance, elle a fait des essais ; ils ont été fautifs, incertains, infructueux. L'ame peu à peu a acquis de l'expérience ; elle est devenue infaillible, mais sans acquérir la connoissance des muscles, des nerfs, des esprits. C'est un enfant qui marchant sur des ressorts couverts, fait aller une machine dont il admire & répete à son gré les effets, sans savoir comment le tout va, ni comment lui-même en allant & revenant sur ses pas, en appuyant ici, en passant légérement là, il donne le branle à tout ce qu'il admire. Rien n'empêche donc de reconnoître, conclut-il, que l'ame agit sur le corps, que celui-ci limite l'action de l'ame, que tout est force, tout est actif dans la nature. Je ne vois dans les ouvrages de vos Occasionnalistes, ajouta-t-il, que de longues allées de cyprès, comme le disoit Phocion à un ancien Philosophe, ils ne donnent par tout que des réponses de mort.

A la bonne heure, lui dis-je, que l'ame agisse sur le corps, qu'elle ait reçu dans la création une force naturelle d'en contenir les parties, & qu'elle se l'approprie, pour ainsi dire, par son action : mais comment le corps qui est un composé, agira-t-il sur l'ame, car le commerce des deux substances est réciproque ? Comment produira-t-il en elle autre chose que du mouvement ?

Le corps proprement n'agit pas dans

l'ame, répondit-il, il en détermine, il en limite l'action. Déterminer, c'est limiter. Il résiste plutôt qu'il n'agit. Ce n'est pas par sa masse, c'est par sa force qu'il résiste. Cette résistance sans doute est une action du corps; mais c'est une action qui ne met rien dans l'ame, qui empêche seulement que l'action de celle-ci ne soit autre qu'elle n'est, qui fait qu'elle a telles ou telles limites & non telles ou telles autres. Les éléments des corps sont des monades, ce qui met une certaine proportion entre l'ame & les éléments du corps quant à la quantité de la force, & non quant à tout ce qui l'accompagne dans l'ame. Il doit donc arriver que les dispositions du corps retardent ou facilitent les opérations de l'ame, & celle-ci qui sent son action, en doit sentir aussi les variations, c'est-à-dire, les bornes, les facilités & les empêchements. Le sentiment de la facilité de l'action fait le plaisir; le sentiment de la difficulté de son action, fait la douleur, sur tout quand il est accompagné de mille perceptions successives, vives & fatiguantes; vives dans leur somme, fatiguantes dans la sorte de stupeur ou d'étourdissement qu'elles excitent dans l'ame qui ne peut les démêler ni les reconnoître en particulier.

La force du corps résiste sans doute à l'action de l'ame de la même maniere qu'elle résiste à l'action d'un autre corps; mais l'effet de cette résistance en doit être différent dans l'ame. Un corps par son action sur un autre détermine les évolutions de sa force & la qualité de ses représentations objectives. Il fait la même chose pour l'ame. Mais l'ame a conscience de ses perceptions, elle les compare, elle en conserve la mémoire. Il doit donc arriver que par cette différence de sa force, l'effet de la même résistance produise en elle des effets plus nobles & d'un tout autre genre, que ceux qui seroient produits sur le corps (*).

_____

(*) Note de l'Edit. *Dùm animus impetum elementorum vi suâ agendi sustinet, ad actionem determinatur,*

Voilà jusqu'où nous pouvons aller, me dit alors M. Canz. Il reste là encore beaucoup d'obscurités; mais où n'y en a-t-il point? & pourrions-nous bien expliquer & concevoir comment l'ame passe à l'action intérieure de desir & de volonté qui lui est si présente?

C'est donc, selon toute apparence, un saut que M. de LEIBNITZ a fait dans le raisonnement, lorsque de ces obscurités il a conclu que l'action d'un être fini se termine nécessairement en lui-même, & qu'il n'a admis entre ses monades qu'une influence harmonique. Mais parce que la réalité des êtres, leur force & leur activité subsistent dans ce système, il est juste de le développer. Vous verrez qu'il suffit, pour que tout dans l'Univers ne soit pas une matiere morte, passive &

---

cujus qualitas partim ex qualitate impetûs, partim ex qualitate virtutis animi explicanda est; quarè, cùm animi virtus in concipiendis idæis versetur, animo formationem idæarum, corpori motum jure tribuimus. Winkler. Psycolog. pag. 497.

par conséquent sans réalité, c'est-à-dire, sans autre signe de son existence, que sa possibilité.

Selon lui, chaque substance est active & produit ses modalités; mais sa force est en elle-même indéterminée. Tantôt nous éprouvons qu'elle se développe plus; tantôt nous sentons qu'elle se développe moins. Or pourquoi ce plus dans un cas, & ce moins dans l'autre? Pourquoi cet effort varie-t-il, & n'est-il pas constamment le même? puisque la force est en elle-même susceptible de ce plus & de ce moins, il doit y avoir hors d'elle une cause qui la détermine, une raison suffisante de la quantité de son développement actuel. Cette cause, comme je vous l'ai expliqué, ne peut être que l'exigence des autres substances qui, pour être coordonnées avec la premiere & faire avec elle l'ordre ou l'harmonie de l'Univers, supposent dans elle tel & tel degré d'évolutions dans les différents cas, servent de type à l'Auteur de tout pour choisir entre les possibles les substances dont les évolutions s'accordent & se répondent dans tous les degrés ; de maniere que cette correspondance soit fondée dans la nature même de ces substances, & que l'action de l'une n'ait été possible, que parce que telle action se passoit dans l'autre.

Voilà donc une harmonie entre toutes les substances dont les forces animent tout l'Univers, m'ajouta-t-il. Leur développement est tel que non seulement elles se répondent mutuellement, comme si l'une agissoit sur l'autre par une action qui se répandît au dehors ; mais chacune contient de plus en soi la raison déterminante de l'évolution de l'autre, non par le seul effet de la création & de la disposition donnée à la force dans le moment de l'existence, mais par leur nature & en vertu de leur possibilité. Or contenir en soi en vertu de sa simple possibilité la raison suffisante des déterminations d'autrui, ce n'est pas seulement lui correspondre, c'est être une condition au positif de son action, & être seul le principe des limites de cette action ; c'est dans un sens vrai avoir une influence sur lui, être la cause déterminante pour laquelle telle substance qui devoit se développer avec tels degrés, a été créée & préférée, & par conséquent aussi contenir en soi la détermination des actions de cette substance.

Vous voyez donc, m'ajouta-t-il, que dans ce système les substances sont actives, que leur action se termine en elles-mêmes, & que néanmoins elles ont l'une sur l'autre une influence véritable, quoique simplement exigitive : ce qui suffit pour qu'elles aient des propriétés réelles pour constituer leur nature, lui donner une toute autre consistance & l'établir d'une toute autre nécessité, que dans le système des causes occasionnelles. Le développement de leur force étant tel, qu'elles se répondent & se déterminent mutuellement, il en résulte le phénomene ou l'apparence d'une influence physique ; ayant été nécessaire que dans le choc des corps, par exemple, l'action du choquant fut rallentie par le développement qui se fait dans le choqué, pour qu'il ne parût pas y avoir plus dans l'effet que dans la cause ; ce qui seroit nécessairement arrivé, si après le choc & le développement de la force du choqué, tout dans le choquant fût demeuré de même.

Ce qu'il faut sur tout remarquer, poursuivit M. Canz, c'est que cette influence harmonique est tout à fait différente de l'idée que bien des Philosophes s'en sont faite, & de l'influence purement exemplaire ou idéale. L'influence *idéale* se trouve entre deux êtres qui ont été coordonnés seulement par un principe extérieur, sans que leur coordonnation vienne de leur seule possibilité ; de maniere que l'un venant à être détruit, l'autre continue d'exister & de se développer de la même maniere que si le premier eût continué d'être. Une montre & son mouvement, par exemple, ont une cause exemplaire & idéale dans le cours du soleil ; mais de maniere que le développement du soleil n'exige pas qu'il y ait une montre, & que la montre peut être détruite sans qu'il arrive de changement dans le mouvement de cet astre. Une telle harmonie n'est qu'une correspondance casuelle & extérieure qui, n'ayant point de fondement dans l'exigence mutuelle de ces deux êtres, ne peut les faire regarder comme les parties d'un tout substantiel & n'est point suffisante pour l'union de l'ame & du corps en unité de personne.

Mais il en est autrement de l'influence physico-harmonique que je viens de vous expliquer. Par elle, la correspondance des êtres est intime & provient de la condition de leur essence, de maniere que l'une exigeant l'autre comme une condition à ses évolutions, l'une n'a pas dû être créée sans l'autre ; ce qui fait de l'ame & du corps deux parties rélatives qui ne sont parfaitement complettes que dans leur réunion qui compose un tout. Par ce principe le corps se développe par sa propre force, conformément aux évolutions de l'ame; & l'ame se développe dans la sienne, conformément aux évolutions du corps; mais de maniere que l'ame n'existeroit pas sans le corps, ni tel corps sans telle ame, & que tel mouvement ne se feroit pas dans le corps, si telle perception ne se développoit dans l'ame. Ces deux êtres ne sont pas des substances déterminées & existantes, sur l'une desquelles on travaille pour la rendre conforme à l'autre, comme dans le cas de la montre ou de l'horloge, ce qui n'est qu'une harmonie accidentelle; mais elles concordent dans leurs évolutions par leur essence, & sont de plus des conditions mutuelles de leur existence. Par-là l'ame est véritablement la forme du corps, & tel corps à l'exclusion de tout autre, est véritablement le corps de telle ame; de la réunion desquels résulte un tout complet qu'on appelle homme ou *personne*.

La substance, lui dis-je, est ce qui peut exister seul indépendamment de toute autre chose, que du principe créateur.

Comment donc concevoir en général qu'une substance en exige une autre pour exister? Comment le supposer en particulier de l'ame par rapport au corps?

La substance, me répondit-il, est un être complet qui n'exige point de sujet pour le recevoir. Aussi les substances coordonnées que nous admettons, ne sont-elles pas reçues l'une dans l'autre comme dans un sujet. Elles existent toutes par leur existence particuliere; elles sont même indépendantes l'une de l'autre pour le positif de leur être & de leur action; c'est pour les limites de cette action, qu'elles sont des conditions l'une pour l'autre; & en cela il n'y a rien de contraire à la nature, ni à la notion de la substance. La substance est un être durable & modifiable: nul être distingué de la substance ne renferme ces deux conditions. Or une substance sera-t-elle moins durable & modifiable, parce qu'elle supposera un type de la détermination ou de la limitation de ses modes, pour recevoir l'existence?

Il

Il n'y a pas plus de difficulté par rapport à l'ame, continua-t-il. L'ame est une substance représentative de l'Univers d'une maniere éminente. Elle ne peut tout représenter dans le même degré de clarté. Selon l'occurrence, elle représente telles ou telles choses plus clairement & le reste avec plus d'obscurité, dans des degrés & des nuances qui s'affoiblissent de plus en plus à l'infini. Il lui faut donc un type ou un centre qui détermine dans l'occasion ses perceptions claires. Ce centre est le corps auquel elle est unie. Ce corps est une collection de monades, elles-mêmes représentatives de l'Univers. Elles doivent donc concentrer dans la collection une somme plus grande de représentations & déterminer par-là le point de vue sous lequel l'ame doit représenter l'Univers d'une maniere plus marquée; & telle ame dans laquelle les évolutions devoient se faire de cette maniere marquée, a dû être unie à tel corps qui en contenoit la détermination. Dans le fait, s'il nous manque un membre, nous éprouvons que l'ame est privée des sensations qui répondent à ce membre. Si ce membre subsiste & qu'il ne soit qu'affoibli, l'ame éprouve dans ses perceptions un affoiblissement qui répond à celui de l'organe. Dans le fait encore, nous éprouvons que si l'ame fait un effort, il s'excite un mouvement correspondant dans le corps; que si cet effort est grand, le mouvement a de l'intensité; qu'il est foible, si cet effort est petit. D'où nous avons droit de conclure que telle perception ne pourroit exister dans l'ame, si tel mouvement n'existoit dans le corps; ni tel mouvement dans le corps, s'il n'y avoit telle perception dans l'ame; que ces deux substances sont mutuellement l'une pour l'autre des conditions de leur existence; que non seulement elles sont faites l'une pour l'autre, mais qu'elles sont l'une pour l'autre par le fond de leur nature, & sont par leur essence des conditions réciproques de la détermination de leurs modalités & de leur existence.

Toute substance est indéterminée dans ses modes, comme je vous l'ai dit. Elle doit donc avoir une cause extérieure de détermination. Cette cause n'est pas Dieu qui donne l'être dans sa bonté, & ne donne pas les limites de l'être. Elle doit donc se trouver dans les rapports des êtres extérieurs, qui pour former une harmonie & un tout, exigent par la condition de leur essence qu'ils soient chacuns déterminés dans tel ou tel degré, & par conséquent le fait mutuel de la dépendance du corps & de l'ame dans leurs déterminations, n'est point un fait arbitraire, mais un fait résultant des rapports & de l'exigence de leurs essences respectives. Voilà donc encore, me dit-il, vos Scholastiques justifiés sur ce qu'ils ont dit, que l'ame humaine est vraiment par elle-même & substantiellement la forme du corps humain, *verè per se & essentialiter forma corporis humani* (*). Que

---

(*) *Note de l'Edit.* Ces expressions ne sont pas seulement des Scholastiques, elles sont celles de deux Conciles généraux, Vienne & Latran.

subsistant en elle-même, elle est substance ; mais qu'elle n'en a pas moins besoin du corps, comme d'un complément de sa nature, & comme d'une détermination à ses actions : *Ente materiali indigens ad suæ naturæ complementum & ad suas cogitationes saltem aliquas.* Sur ce principe on peut définir l'ame une substance pensante qui a en elle-même la force de se représenter l'univers, conformément à la situation où son corps organique se trouve, & aux mutations qui se font dans ses organes sensitifs : ou bien, une force représentative de l'Univers, limitée quant à son objet par la situation de son corps ; & quant à la maniere dont elle opere, par la constitution de ses organes sensitifs. D'une part, cette définition ne renferme rien que de possible ; de l'autre, elle ne contient rien que nous n'éprouvions & qui ne soit conforme aux faits. L'ame renferme donc dans sa nature des rapports essentiels au corps, & elle n'a point dû être créée sans lui ; comme il n'arrive rien dans elle qui ne soit explicable par le changement qui arrive au corps, ou qui ne trouve dans ce changement la raison suffisante pourquoi il existe dans l'ame, & pourquoi il est précisément tel, & réciproquement. Or des êtres qui contiennent mutuellement la raison suffisante de leurs modalités, ne sont pas des êtres isolés : ce sont des êtres unis & dépendants qui ont l'un sur l'autre une véritable influence, comme conditions de leurs existences & déterminations de leurs modalités.

Ainsi, quoique les sensations de l'ame s'effectuent par la force qui lui est propre, les perceptions de l'ame ne laisseront pas d'être les mêmes que si le corps influoit efficacement sur elle & réciproquement en vertu de cette harmonie. Toutes les fois que le mouvement imprimé au nerf sensitif se communiquera au cerveau, il coexistera dans l'ame la perception d'un objet sensible. Dans tous les cas où l'impression sur le cerveau sera la même, la perception de l'ame sera la même aussi, quoique cette identité d'impression soit excitée par des objets différents. C'est ainsi qu'un homme fait & un enfant paroissent de la même grandeur, lorsque le premier est vu à travers certains verres. Par la même raison, si l'impression sur le cerveau est diverse, quoique l'objet qui l'excite soit le même, mais dans différentes circonstances, la perception de l'ame sera diverse; ce qui arrive à une tour quarrée qui dans l'éloignement paroît ronde. La diversité de la disposition de l'organe & par conséquent de l'impression transmise au cerveau, suffira donc aussi pour déterminer la diversité de la sensation; ce qui arrive dans le strabisme, la jaunisse & au moyen des différents verres qui produisent les apparences optiques.

En vertu des mêmes principes, il arrivera que plus le mouvement imprimé aux nerfs sera prompt, plus la perception de l'ame sera claire, & au contraire. C'est pour cette raison qu'on voit beaucoup plus clairement un objet en plein jour, que vers le crépuscule. Par la même raison, la perception sera distincte, si diverses parties de l'objet sensible, impriment du mouvement à différentes petites fibres d'une maniere bien terminée: mais si les diverses parties de l'objet sensible impriment tout à la fois du mouvement aux mêmes petites fibres nerveuses, ces mouvements se mêleront, sans pouvoir se discerner séparément, & la perception de l'ame sera confuse, ce qui arrive dans la sensation des couleurs.

Vous voyez donc, m'ajouta M. Canz, que les idées des objets visibles sont explicables par les images qui s'en forment dans le cerveau; que ces perceptions de l'ame & ces images tracées sur le cerveau ont un rapport intime & sont des conditions l'une de l'autre qui ne sont nullement arbitraires ; & qu'ainsi il est nécessaire d'avoir recours ou à l'influence physique dans le sens que je vous l'ai expliquée, ou à la conformation de ces deux substances, dérivée de leur nature & de leur essence; ce qui fait une harmonie non seulement préétablie, mais exigentielle & fondée dans la possibilité même de ces substances (*).

M. Canz s'arrêta comme pour lire dans mes yeux si j'avois bien saisi une Doctrine si abstraite. Je vous suis, lui dis-je, & par ce que je vais vous dire, vous comprendrez aisément que je suis entré parfaitement dans votre pensée. Si le corps, à raison de sa situation & de la constitution de ses organes, est la limite nécessaire & contient la raison déterminante des opérations de l'ame, il faut

---

(*) *Note de l'Aut.* M. Canz joignoit l'influence physique à l'influence harmonique. Il admettoit l'influence physique entre les monades & l'influence harmonique entre le corps & l'ame. De-là il concluoit la différence intrinsèque & graduelle des ames humaines & leur différence spécifique de l'ame des bêtes. Dans le système de l'harmonie, la force intrinsèque & substantielle de l'ame est en rapport à l'organisation du corps; donc le corps & les opérations des bêtes étant bien différentes des nôtres, il est nécessaire d'en conclure que cette diversité d'opérations ne vient pas de la seule différence de l'organisation, mais de la différence spécifique qui se trouve entre l'ame de l'homme & l'ame des bêtes.

donc qu'à la mort qui eſt la ſéparation de l'ame d'avec le corps, l'ame demeure encore unie au corps, ce qui eſt une contradiction.

Il eſt vrai, répondit le Philoſophe, que M. de LEIBNITZ a admis qu'après la mort l'ame reſte encore unie à ſon corps; non à ce corps matériel qui tombe en pourriture, mais à un corps plus ſubtil qui exiſte déjà en petit dans ce corps ſenſible qu'elle habite actuellement. Vous avez vu que ce n'eſt pas l'impreſſion qui ſe fait ſur l'organe, qui détermine immédiatement la perception de l'ame; qu'il faut que cette impreſſion paſſe juſqu'au cerveau, juſqu'à la derniere ramification des nerfs renfermée dans le corps calleux, pour y tracer une image ou peinture matérielle, qui eſt la cauſe déterminante immédiate de la ſenſation de l'ame qui répond à cette peinture. Or c'eſt cet organe immédiat des opérations de l'ame, qui eſt le vrai corps de notre ame dont l'autre n'eſt, pour ainſi dire, que l'enveloppe. C'eſt à ce corps infiniment subtil & que sa subtilité même soustrait à l'action des causes qui opèrent la dissolution du corps grossier, que l'ame demeure unie après la mort. Par-là, elle ne change pas de cerveau ; elle conserve le type de ses représentations précédentes, garde la mémoire de son état passé & sa personnalité. En même-temps que ce corps subtil renferme des organes qui exercent ici leurs fonctions, il peut en renfermer d'autres qui ne doivent point se développer sur la terre, mais qui le feront d'une maniere très-rapide au jour de la manifestation. De-là la comparaison du *grain semé en terre*, dont se sert la révélation. De-là la révélation qu'elle nous fait que le *corruptible* révêtira l'incorruptibilité. De-là l'abolition des sexes ; ce corps *spirituel* opposé au corps *animal* qui n'en est que l'appareil ; ce corps glorieux dans la composition duquel n'entreront point *la chair & le sang*. De-là enfin ce qui est dit, que ceux qui seront vivants, seront *transformés*, & ceux qui seront morts, *ressuscités*. Il est donc possible, me dit-il, que le siege de l'ame renferme actuellement le germe de ce corps *incorruptible* dont parlent les Ecritures ; qu'après la mort, elle lui demeure unie, jusqu'à ce que par un développement rapide il se transforme au grand jour de la manifestation, ou dans ce corps glorieux dont les bons seront revêtus, ou dans un corps plus informe pour ceux qui auront dégradé leur être, corrompu leurs voies, & qui pendant la vie auront été du nombre des méchants.

Cependant, quoique ce système si beau en lui-même, si conforme ou si analogue à ce que nous enseignent les Ecritures, cadre merveilleusement avec l'harmonie substantielle que je vous ai expliquée, il n'en est pas une suite nécessaire. Par ce système, l'ame n'a pas dû être créée sans le corps, parce que celui ci est le type de ses déterminations, & qu'il a fallu à Dieu des raisons objectives pour donner l'existence à une force qui devoit se développer de telle maniere plutôt que de toute autre dans l'ordre actuel &

général qui a été choisi. Mais ce type existant, la détermination de la force dont découlent les actions de l'ame, se trouve réglée ; l'ame trouve dans cette force & dans les modes *précédents*, la raison des *suivants*. Son état présent se trouvant ainsi *occasionné* par celui qui l'a *précédé*, celui-ci par un précédent ; lors même de la séparation de l'ame d'avec le corps, la limitation de sa force & son développement se trouvent avoir un fondement dans le corps auquel elle a été unie, par la liaison de son état après la mort avec son état pendant la vie ; de maniere que, quoiqu'il ne se fasse plus actuellement de peinture dans son cerveau, cependant ce sont les images qui s'y sont peintes pendant la vie, qui règlent encore après la mort le développement de sa force représentative. Par-là il arrive qu'après la mort & jusqu'à la résurrection, l'ame se trouve dans une sorte d'état violent ou d'attente & de désir : & c'est encore ce qu'ont enseigné vos Scholastiques. Je vous l'ai dit, on les a trop méprisés ;

Leibnitz en faisoit plus de cas que votre Ecole.

Pour connoître plus à fond cette Doctrine, il faut, me dit-il, faire attention qu'il est entiérement indifférent à l'harmonie, de quelle maniere l'ame fasse naître ses volontés de ses perceptions. Il est certain que les sensations ont leur fondement dans l'harmonie, que des sensations naissent la conscience, l'apperception & la réflexion par la force que l'ame a de se représenter ses représentations; que de la conscience & de la réflexion naissent les volontés, en conséquence de la liberté que l'ame a de se déterminer. Or que cette détermination se fasse par la liberté d'*indifférence* que tant de Philosophes admettent, ou par la liberté de *choix* que nous reconnoissons, cela est absolument indifférent pour l'union. Cette union ne suppose autre chose qu'une correspondance fixe en vertu de la nature des deux substances, entre les mouvements du corps occasionnés par l'impression des objets sur les organes, & les perceptions de l'ame, qui repréfentent ces objets, entre les volontés de l'ame & les mouvements volontaires du corps; mais elle n'eſt nullement intéreſſée à la maniere dont les volontés naiſſent des perceptions; fi c'eſt en vertu de la prépondérance des motifs que préfentent les perceptions ou indépendamment de cette prépondérance. Dans l'un & l'autre cas on conçoit un corps poſſible qui réponde par fes évolutions aux déterminations les plus indifférentes de l'ame.

Il eſt vrai qu'à quoi que nous penſions & quoi que nous voulions, il en refulte une impreſſion fur le cerveau, puiſqu'en penfant à nous-mêmes & réfléchiſſant fur notre ame dans le filence même de la nuit, nous éprouvons une fatigue & un affoibliſſement de tête, qui eſt la fuite de notre contention. Mais l'on peut dire que cela n'eſt qu'une fuite accidentelle de l'union, qui n'a lieu, que tant que l'ame eſt unie au corps; de maniere que l'ame n'a pas befoin eſſentiellement de cet effort fur le cerveau pour penfer à elle-même, & qu'elle n'en aura pas l'impreſſion, lorſqu'elle ſera ſéparée de lui. Dans cette hypotheſe, le corps ſert de type, ſoit aux déterminations de l'ame qui arrivent au temps de l'union, ſoit à celles qu'elle ſe donnera après la ſéparation. Dans le premier cas, il les régle tellement que l'ame en ſente la préſence ; dans le ſecond cas, il les détermine, parce qu'elles ont leur fondement dans les premieres, mais de maniere que, ce qui ſe développoit dans elle avec un ſentiment de rapport à la préſence du corps, continue à s'y développer ſans le ſentiment de ce rapport.

Vous voyez donc, continua-t-il, que dans l'une & l'autre explication, l'ame eſt un être ſimple qui ne peut ſe détruire par la diſſolution du corps, que ſe trouvant à la mort dans un état de perceptions diſtinctes, ces perceptions doivent non ſeulement ſe conſerver, mais ſe perfectionner même, puiſque l'effet des perceptions diſtinctes eſt de produire l'attention, la réflexion, la combinaiſon, &

par cela même l'augmentation & l'évolution : que de-là naîtront les volitions & les jugements, puisque juger & vouloir n'est autre chose qu'acquiescer aux perceptions que l'on a ou aux réflexions qu'elles procurent ; que même alors elle conservera le souvenir d'elle-même, puisque persévérant dans un état de perceptions distinctes, elle aura un sentiment intérieur d'elle-même, & que la force d'une idée étant d'en rappeller une autre, elle se ressouviendra de sa vie passée & d'avoir été dans tel ou tel état, ce qui lui conservera son caractere de vie & de personnalité, & la rendra non seulement indestructible, mais immortelle (*).

───────────────

(*) *Note de l'Aut.* Dans ce système, le présent étant gros de l'avenir quant aux perceptions, le cours naturel des évolutions de notre ame, est qu'elle aille de perceptions distinctes en perceptions distinctes. Ce sera donc la même chose après la mort, même par rapport à l'ame des damnés. Mais plus ses perceptions seront vives & plus elle sentira son état, plus elle aura conscience qu'il est dû à son état passé, & plus par conséquent sa douleur sera vive & ses remords

Il est donc démontré, reprit le Philosophe, que soit au moyen de l'influence physique, soit par le secours de l'harmonie préétablie, l'ame dans l'évolution de sa force, est une substance représentative de l'Univers, sous un point de vue particulier; que limitée dans ses perceptions, elle ne peut discerner ni appercevoir séparément les états internes des éléments, ni avoir un sentiment intérieur de ce qui les distingue; que ses perceptions devant néanmoins avoir un rapport de ressemblance avec les objets, il ne peut arriver qu'elle se représente des choses différentes, comme si elles étoient les mêmes en nombre, & qu'ainsi elle les appercevra toujours sous l'idée de la diversité numérique & de la pluralité; que, quoique confondant ensemble les divers états des éléments, elle ne puisse

---

cuisants; ils se perpétueront ainsi d'eux-mêmes, & c'est une raison de plus pour concevoir l'éternité des peines. Le mépris qu'on fait dans cette vie des biens éternels, n'en mérite-t-il pas en effet, & n'en doit-il pas entraîner la privation pour toujours?

P

appercevoir les raisons de leur correspondance, cependant l'idée sensuelle qu'elle en a, doit retenir quelque chose de cette correspondance, ce qui ne peut être que l'idée de l'union de ces éléments, en vertu de laquelle il nous est impossible de rien interposer entr'eux, ce qui nous les représente comme continus & ayant tous une extrêmité qui leur est commune. Or de l'idée de plusieurs choses différentes en nombre, unies ensemble & continues, résulte nécessairement le phénomene de l'étendue dont le fondement est dans la force représentative de l'ame & dans l'influence physique ou physico-harmonique des corps que nous avons vu qu'il faut admettre.

Nous sentons & nous éprouvons de même, ajouta-t il, que l'ame est limitée dans ses efforts, qu'elle se peine & se fatigue dans son action ; & nous avons vu que ce sentiment résulte de la force de l'ame & a son fondement dans l'influence soit physique, soit harmonique des êtres distingués de nous. Or le sentiment d'effort & de fatigue fait naître le phénomene d'une réſiſtance extérieure ou de la force *d'inertie*, & par conſéquent vous voyez comment dans l'un & dans l'autre ſyſtême reſultent dans nous ces phénomenes ſous leſquels le monde matériel ſe montre à nous ; que dans l'un & dans l'autre, les objets extérieurs ſont réels, néceſſaires pour la détermination, la déterminabilité même des phénomenes qui ſont en nous ; & qu'ainſi outre ces rapports involontaires qui portent continuellement notre ame au dehors, nous avons dans cette déterminabilité néceſſaire une preuve particuliere de l'exiſtence des corps, ſi inutile ou ſi précaire dans le ſyſtême de vos occaſionnaliſtes.

Voila quel fut, Monſieur, le reſultat de mes conférences avec les différents Philoſophes d'Allemagne, & particuliément avec M. Canz. Elles roulerent principalement ſur la Coſmologie & ſur les Matieres incidentes auxquelles elle a rapport. Nous traitâmes enſuite la grande queſtion de l'*Optimiſme*, du Principe de la

Raison *suffisante*, des *Indiscernables*, & de la Loi de *Continuité*. Mais comme la Cosmologie en est indépendante & que ces points différents de la Philosophie Léibnitienne sont plus connus, j'omettrai de vous en parler. Je ne sais quel jugement vous porterez de tout ce que je viens de vous déduire, & je me garderai bien d'en porter un moi-même. D'une part, il me semble que cette Philosophie procède avec un ordre & une méthode mathématique que n'ont point les autres Philosophies ; de l'autre, elle aboutit à des choses si extraordinaires, que l'on est tenté de penser que nous ne sommes point faits pour connoître le fond des choses ; que la Philosophie si curieuse & si vaine, est un tribut de plus que nous payons à notre foiblesse ; que si propre par ses écarts à nous rendre modestes, c'est une chose digne d'admiration de voir que nous le soyons si peu. J'ai l'honneur d'être, Monsieur, &c. (*).

___

(*) *Note de l'Editeur.* Quoique cette Philosophie

ait pénétré de l'Allemagne, où elle est née, en Italie, où l'on ne se fût pas attendu qu'elle dût prendre, elle y a reçu de la part de quelques Philosophes plusieurs modifications. Le Pere *Boscovick* ne pouvant comprendre ni que l'Etendue ne fût pas réelle hors de nous, ni qu'elle y pût être continue, deux monades ou êtres simples devant, selon lui, se pénétrer dès qu'il n'y a plus de distance entre deux, a supposé que ces substances sont douées d'une double force; qu'elles se repoussent dans les limites d'une certaine proximité & qu'elles s'attirent à une plus grande distance. Douées de la force répulsive dans des distances très-petites, il ne peut arriver qu'elles se touchent ni par conséquent qu'elles se pénétrent. Douées de la force attractive, elles se lient & se combinent pour faire des touts dont on ne peut écarter les parties, qu'elles ne tendent à se rapprocher; & par cette double force il explique assez heureusement la plupart des phénomenes de la nature.

Mais quelle est la distance ou l'espace qui sépare deux éléments? C'est là le foible du système. L'espace est continu. Si donc il étoit réel, il seroit composé de points simples sans pénétration. Aussi le Pere *Boscovick* suppose-t-il qu'il n'est que possible & imaginaire. La distance entre deux points n'est pas, selon lui, mesurée par des points continus actuellement interposés, mais par des points possibles qu'on pourroit interposer. Mais combien de ces points peut-on mettre entre deux points voisins? Ces points interposables seroient-ils contigus? Ils se confondroient en un, selon le P. *Boscovick*. Ne seroient-ils pas contigus ? Quelle seroit donc la mesure de leur distance ? C'est là sans doute une grande difficulté.

Un Physicien a cru la lever en admettant deux sortes d'éléments : les uns doués de la force répulsive & attractive ; ce sont les éléments de la matiere ; les autres dépourvus de ces forces & uniquement mûs, les uns dans un sens, les autres dans l'autre, selon toutes les directions ; ce sont les éléments de l'espace. Ces éléments se mouvant ainsi à travers les uns des autres, se pénétrent en se rencontrant, parce qu'ils ne peuvent se faire obstacle, étant simples, inétendus, & par conséquent pénétrables. Mais cette pénétration n'est que pour le moment : ils passent outre par leurs mouvements & se meuvent ainsi tous les uns à côté des autres, sans que ceux qui se rencontrent, s'empêchent ou se retardent ou changent la direction de leurs mouvements. On a donc par-là un espace immense formé par un fluide subtil qui n'a aucune résistance, parce que les parties qui le composent, sont infiniment pénétrables, quoique mues dans tous les sens, à la maniere de la matiere subtile de Descartes.

Cet espace une fois admis, il est aisé de concevoir que Dieu a créé dans lui d'autres éléments doués de la force répulsive & de la force attractive, qui par celle-ci sont capables de se lier & de former des touts qui donneront des marques de cohésion, qui par celle-là se repousseront dans les petites distances & seront impénétrables les unes par rapport aux autres, sans l'être par rapport aux éléments destinés à composer l'espace & sans pouvoir jamais parvenir à se toucher; ce qui compose une étendue, continue dans le sens physique ou au rapport des sens, mais réellement interrompue par l'impossibilité qu'il y a que deux de ces éléments destinés à former la matière, viennent à perdre leurs forces répulsives. On a donc dans cette hypothèse une étendue réelle, existante hors de nous, un mouvement vrai & un véritable espace, & tout cela néanmoins composé de points simples, à la façon des monades de LEIBNITZ, mais d'une maniere plus rapprochée de notre façon ordinaire de penser. Nous avons cru devoir faire cette observation, pour montrer de plus en plus que les questions spéculatives de la Philosophie sont interminables, & qu'il y a plus d'un secret dont Dieu s'est réservé la connoissance exclusive. On peut dire du Philosophe en cette matiere :

Nitendo saxum versat, nequè proficit hilum.

FIN.

APPROBATION.

J'Ai lu par l'ordre de Monseigneur le Vice-Chancelier le Manuscrit intitulé : *Institutions Léibnitiennes*, ou *Précis*, &c. dans lequel je n'ai rien remarqué qui put en empêcher l'impression. A Paris ce 15 Mai 1766.

Signé, DUPUY.

PRIVILEGE GÉNÉRAL.

N°. 870.

LOUIS, PAR LA GRACE DE DIEU, ROI DE FRANCE ET DE NAVARRE, A nos amés & féaux Conseillers, les Gens tenant nos Cours de Parlements, Maîtres des Requêtes ordinaires de notre Hôtel, Grand Conseil, Prévôt de Paris, Baillifs, Sénéchaux, leurs Lieutenans Civils & autres nos Justiciers qu'il appartiendra, SALUT. Nos amés les sieurs FRERES PERISSE, Nous ont fait exposer qu'ils désireroient faire imprimer & donner au Public un Ouvrage qui a pour titre : *Institutions Leibnitiennes* ; s'il Nous plaisoit leur accorder nos Lettres de Privilege pour ce nécessaires. A CES CAUSES, voulant favorablement traiter les Exposans, Nous leur avons permis & permettons par ces Présentes de faire imprimer ledit Ouvrage autant de fois que bon leur semblera, & de le faire vendre & débiter par tout notre Royaume pendant le temps de neuf années consécutives, à compter du jour de la date des Présentes : faisons défenses à tous Imprimeurs, Libraires & autres personnes de quelque qualité & condition qu'elles soient, d'en introduire d'impression étrangere dans aucun lieu de notre obéissance; comme aussi de faire imprimer, vendre, faire vendre, débiter, ni contrefaire ledit Ouvrage, ni d'en faire aucun Extrait sous quelque prétexte que ce puisse être, sans la permission expresse & par écrit desdits Exposans, ou de ceux qui auront droit d'eux ; à peine de confiscation des Exemplaires contrefaits, de trois mille livres d'amende contre chacun des Contrevenans, dont un tiers à Nous, un tiers à l'Hôtel-Dieu de Paris, & l'autre tiers ausdits Exposans, ou à celui qui aura droit d'eux, & de tous dépens, dommages & intérêts ; à la charge que ces Présentes seront enregistrées tout au long sur le Régistre de la Communauté des Imprimeurs & Libraires de Paris, dans trois mois de la date d'icelles ; que l'impression dudit Ouvrage sera faite dans notre Royaume & non ailleurs, en bon papier & beaux caracteres, conformément aux Réglemens de la Librairie & notamment à celui du 10 Avril 1725. à peine de déchéance du présent Privilege; qu'avant de l'exposer en vente, le Manuscrit qui aura servi de copie à l'impression dudit Ouvrage, sera remis dans le même état où l'Approbation y aura été donnée, és mains de notre très-cher & féal Chevalier, Chancelier de France le Sieur DE LAMOIGNON, & qu'il en sera ensuite remis deux Exemplaires dans notre Bibliotheque publique, un dans celle de notre Château du Louvre, un dans celle dudit Sieur DE LAMOIGNON, & un dans celle de notre très-cher & féal Chevalier, Vice Chancelier & Garde des Sceaux de France, le Sieur DE MAUPEOU, le tout à peine de nullité des Présentes ; du contenu desquelles vous mandons & enjoignons de faire jouir lesdits Exposans & leurs ayans causes pleinement & paisiblement, sans souffrir qu'il leur soit fait aucun trouble ou empêchement. Voulons que la Copie des Présentes qui sera imprimée tout au long au commencement ou à la fin dudit Ouvrage, soit tenue pour duement signifiée, & qu'aux Copies collationnées par l'un de nos amés & féaux Conseillers Secrétaires, foi soit ajoutée comme à l'Original. Commandons au premier notre Huissier ou Sergent sur ce requis, de faire pour l'exécution d'icelles tous Actes requis & nécessaires, sans demander autre permission, & nonobstant clameur de Haro, Charte Normande & Lettres à ce contraires. CAR tel est notre plaisir. DONNÉ à Paris le dix-huitieme jour du mois de Juin, l'an de grace mil sept cent soixante-six, & de notre Regne le cinquante-unieme. Par le Roi en son Conseil.

Signé, LEBEGUE.

Régistré sur le Régistre XVI. de la Chambre Royale & Syndicale des Libraires & Imprimeurs de Paris, n°. 870. fol. 486. conformément au Reglement de 1723. A Paris ce 8 Juillet 1766.

Signé, GANEAU, *Syndic*.

De l'Imprimerie des Freres PERISSE. 1766.

www.ingramcontent.com/pod-product-compliance
Lightning Source LLC
Chambersburg PA
CBHW060119170426
43198CB00010B/954